Su abrazo es mi refugio

Su abrazo es mi refugio

Mi camino de la oscuridad a la Luz con

SRI MATA AMRITANANDAMAYI

por
Gretchen Kusuma McGregor

Mata Amritanandamayi Center, San Ramon
California, Estados Unidos

Su abrazo es mi refugio

Mi camino de la oscuridad a la Luz con
Sri Mata Amritanandamayi

por Gretchen Kusuma McGregor

Publicado por:
Mata Amritanandamayi Center
P.O. Box 613
San Ramon, CA 94583
Estados Unidos

————— *In the Shelter of her Arms (Spanish)* —————

Primera edición por MA Center: septiembre de 2016

En España: www.amma-spain.org
fundación@amma-spain.org

En la India:
inform@amritapuri.org
www.amritapuri.org

Dedicatoria

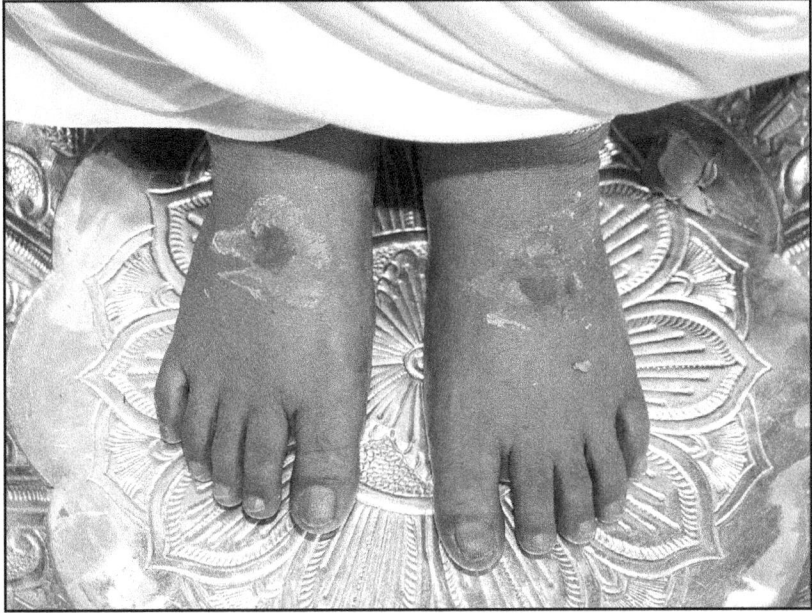

Este libro está dedicado humildemente a

Adi Para Shakti

la madre primordial suprema divina,

que se ha encarnado, en verdad, en la forma de

Sri Mata Amritanandamayi,

la madre de la dulce dicha,

y a todos sus queridos hijos
que han venido corriendo.

Índice

Preludio

Agosto de 1981
Copenhague, Dinamarca

¿Puede alguno de nosotros decir exactamente cuándo comienza nuestro viaje consciente de despertar? A menudo, solo años más tarde, mirando hacia atrás, vemos el momento exacto en el que el primer atisbo de la Verdad nos llamó la atención; cuando alguna persona o acontecimiento hizo que nos volviéramos conscientes del mundo como realmente es, para no percibirlo nunca más como lo habíamos hecho antes.

Para mí, sucedió en una tienda de libros que estaba cerca de los Jardines Tivoli, en Dinamarca. El día era terriblemente caluroso para tratarse del norte de Europa y me había refugiado en la sección de Mitología para echar un vistazo a los títulos por si encontraba un buen libro para leer en el tren de vuelta a Noruega, donde estaba estudiando ese verano. La Universidad de Oslo organizaba una escuela internacional de verano por la paz mundial de ocho semanas que dirigía el Instituto de Investigación sobre la Paz de Oslo (PRIO), en la que me había inscrito. No sabía que esa escapada de fin de semana a Dinamarca cambiaría mi vida para siempre.

Mientras hojeaba los libros, uno de ellos se cayó, literalmente, de la estantería que había detrás de mí. Cuando me agaché para recogerlo y colocarlo en su sitio, el título me llamó la atención: "Cuando Dios era mujer", de Merlin Stone. ¡Vaya! Me había criado en una familia de devotos agnósticos protestantes, y uno de mis grandes miedos era que alguien me preguntara algún día qué pensaba de Dios. Y no tendría nada que decir. Era una completa ignorante sobre el tema. Por eso, pensé: "¿Por qué no?"

Como soy una intelectual, leer un libro sobre un tema del que quería saber más era una forma familiar de acercarme al mismo. En cuanto a que Dios fuera mujer, eso sí que me lo trastocaba todo. Compré el libro.

Y lo leí. ¿O me leyó el libro a mí? En el momento en que lo abrí, me quedé absorta y fui incapaz de dejarlo hasta llegar a la última página, leyendo atentamente cada nota a pie de página. Y después lo empecé de nuevo. Me fascinaba la narración del autor de la historia del culto de la Gran Madre desde los tiempos más antiguos, en todos los rincones de la tierra. Ese recorrido general por las religiones antiguas que adoraban a la Madre Divina me proporcionó una imagen de profunda compasión y poder sagrado. Las imágenes de la Madre Divina reverberaban con una profunda verdad: la Gran Madre como Dios.

Lo que más me sorprendió fue que esas tradiciones generalizadas en la cultura antigua pudieran estar tan ocultas para la visión moderna. Como era una persona con estudios y que había viajado, que estudiaba Ciencias Medioambientales en la Universidad de California-Berkeley y participaba en el prestigioso programa de verano del PRIO, ¿cómo podía resultarme desconocido este fascinante aspecto de la historia humana? ¿Había estado totalmente despistada o solo era un producto de mi propia cultura, que parecía esforzarse en perder la memoria histórica?

Fuera lo que fuera, ¡mi corazón ardía ante la idea de una Gran Madre! Si la habían adorado en el pasado, ¿dónde estaba ahora, cuando el mundo más la necesitaba? Me parecía que la paz y la justicia no podían ser más necesarias. Lo que más falta hacía era vivir en armonía con la naturaleza. Aunque solo tenía veinte años, me parecía que si la humanidad tenía que tener alguna luz de esperanza de alcanzar esos nobles ideales, ¿qué podría ayudarnos más que tener el viento de la Madre Divina impulsándonos bajo nuestras alas? Leyendo ese libro cambió toda mi percepción del mundo. Me habían dicho que la Madre era la Fuente de Todo y decidí buscarla.

Empecé a rezar. Nunca había rezado en mi vida; pero inmediatamente me pareció increíblemente natural llamar a la Gran Madre. Empecé a componer canciones, en realidad pequeñas recitaciones, a la Madre. Cuando volví a la UC Berkeley, al final del verano, inicié un "círculo del espíritu" con algunos de mis amigos. Nos reuníamos en las secuoyas o en la costa del Pacífico y cantábamos nuestras canciones, girábamos en círculos como derviches y luego nos sentábamos en silencio, en lo que después comprendí era meditación. Intentábamos visualizar a la Gran Madre y pedirle que nos guiara. A veces lloraba, pensando en lo mucho que la tierra, las personas y los animales necesitaban que la Gran Madre los recordase y los ayudase.

Una canción que escribí y que todavía recuerdo:

Madre del mundo, tu historia no se ha contado:
cómo tu poder fue quebrado, robado,
¡el misterio revelado!
Somos tantas mujeres fuertes,
hijas de la tierra,
que nos reunimos.
Romperemos las cadenas que nos atan,
nos poseen, nos controlan.
El círculo del espíritu nos da poder.
Deja que el misterio se desvele, deja que el misterio se desvele.

La conexión que todos nosotros sentíamos con la Gran Diosa era palpable; pero no había un punto externo de referencia que pudiera confirmar su presencia en el mundo moderno. Todo lo que nos rodeaba se basaba en el materialismo y nos preparaba para convertirnos en buenos consumidores, engranajes de la rueda, soldados en guerra. Con la elección de Ronald Reagan se reinstauró el registro obligatorio para el Servicio Selectivo, es decir, el llamamiento a filas. Se produjo la fusión del reactor de la central nuclear de Three Mile Island. Todos nosotros terminamos la carrera y nos separamos. Salimos en busca de "el Sueño Americano", fuera lo que fuera eso.

GRANJERA

Norte de California
Junio de 1982

Mi siguiente parada fueron unas prácticas de seis meses en una granja de productos orgánicos en el pueblo de Tovelo, al norte de California. Mi idea era salir del ambiente urbano, que consideraba tóxico y distractivo, y aprender algo sobre la vida práctica en un entorno rural. Sintonizar con la Gran Madre podía ser mucho más sencillo si vivía en mayor armonía con la Madre Naturaleza. Hasta ese momento de mi vida, salvo por algunas escapadas de fin de semana a las Montañas Laurel con mi abuelo, en Pennsylvania occidental, donde me crié, era una chica de ciudad; pero ahora estaba convencida de que era el momento de romper una de las cadenas más obvias que me ataban: mi total ignorancia de cómo vivía y trabajaba la mayoría de la gente. Desarrollar mi intuición y que mis oraciones me guiaran a los brazos de la Madre Divina se volvió mi sueño. Mi plan era hacer algo para que el mundo fuera un lugar mejor.

Una de mis principales obligaciones en la granja era traer las dos vacas lecheras del prado cercano a primera hora de la mañana y ordeñarlas a mano. Recuerdo estar sentada en el taburete para ordeñar, con un intenso dolor en los antebrazos por lo difícil que resultaba sacar más de quince litros de leche y pensando alternativamente "Por favor, no vuelques el cubo de una patada" y "¡Algo de esto debe estar relacionado con la Gran Madre!" Me sentaba allí, en medio de aquel escenario, y me concentraba intensamente en la Madre Divina: "¿Dónde estás? ¿Dónde estás?", una y otra vez. Tenía la idea de la Gran Madre grabada en la mente.

Cuando se acercaba el final de mi periodo de seis meses como lechera, no tenía ni idea de qué hacer después; pero mi familia de la costa Este tenía una idea clara: que buscase trabajo. Se me había acabado el tiempo de buscar a la Gran Madre y ahora metería la cabeza en el yugo del mundo de jornadas laborales de nueve a cinco; pero al menos podía elegir dónde quería vivir. La mejor forma de averiguarlo parecía obvia: hacer "la búsqueda de una visión". Así que subí en bici la colina más alta de Covelo Valley, un lugar en el que había vivido en un pasado remoto la tribu india de los Pomo, para buscar la comunión con la Madre Tierra.

Allí estaba, el día de Acción de Gracias de 1982. Buscando mi visión, lo estaba dejando todo en manos de la Gran Madre, ¿verdad? Bueno, pues me senté en esa solitaria colina; recé, lloré un poco, pasaron las horas. Había estado lloviznando la mayor parte del día, pero ahora llovía a cántaros. Tenía muchísima hambre y el banquete de Acción de Gracias me estaba esperando de vuelta en la granja; pero todavía no había tenido mi visión. Me pregunté cuánto tiempo se suponía que tardaría en llegar. Ahora que estaba muerta de hambre y de frío, ¿no debía ser aquello un ligero toquecito para que la Madre viniera a rescatarme? Estaba anocheciendo, estaba oscureciendo. Aclarando mi mente por última vez, intenté dejarla descansar delicadamente en mi necesidad de saber: "¿Dónde? ¿Dónde? ¿Dónde?"

Entonces me llegó, completamente de la nada, tan clara como si estuviera a mi lado: "Las montañas de Nuevo México... allí hay una mujer sabia". ¡Gracias, gracias, Gran Madre! Con eso me bastaba para saber cuál era mi siguiente paso. Volví a la granja a toda velocidad en la bicicleta con la última luz del día.

—¿Te vas a Nuevo México? ¡Pero si ni siquiera hablas español! —fue la reacción de mi familia al conocer la noticia.

—Nuevo México —repetí, imaginándome que les tranquilizaría—. No, no tengo una oferta de trabajo. Todavía.

Nada tranquilizador para ellos. Pero sabían que no podían interponerse en el camino de su testaruda hija mayor. Llegué a Taos, Nuevo México, en Año Nuevo.

MONTAÑESA

Enero de 1983
Taos, Nuevo México

Tenía veintidós años y podía sentir la magia. Estaba abriendo mi vida a la Gran Madre. Las montañas, los cañones y el Río Grande se convirtieron en mi fuente de inspiración. Allí era fácil sentir la presencia de la Madre Divina; estaba casi en todas partes. En los arco iris de última hora de la tarde, en el aire con olor a salvia en el que los cactus del desierto florecían momentos después de la preciosa lluvia, en el penetrante aullido de medianoche de los coyotes. Como telón de fondo de todo ello, los montes Sangre de Cristo, sagrados para la tribu Taos Pueblo, se elevaban hasta los cuatro mil metros.

En una semana, encontré trabajo como cocinera de desayunos en el restaurante Apple Tree. No era exactamente lo que mi familia tenía en mente, pero al fin y al cabo era un trabajo. Era la primera de sus cinco hijos que se mantenía por sí sola y no iban a discutir por ello. Por mi parte, que tenía demasiados estudios para ese trabajo, estaba absolutamente segura de lo que hacía. Había sido guiada hasta allí y mi única opción era esperar con paciencia.

Durante todo el invierno, mi fiel bicicleta me llevaba tres kilómetros al trabajo antes de amanecer. Un aire congelado se me enganchaba a los pulmones a una altitud más de dos mil metros, con las ruedas de la bicicleta crujiendo sobre las heladas carreteras y los perros del vecindario mordisqueándome los talones para asegurarse de que no entrara en su propiedad. Por las tardes, esquiaba temerariamente por las pistas doble diamante negro del Taos Ski Valley. Y mis oraciones seguían saliéndome del corazón. Esta era una canción que repetía a menudo:

Todos venimos de la Madre,
y a Ella volveremos
como gotas de lluvia
que fluyen hacia el mar.

RIBEREÑA

Verano de 1983
Pilar, Nuevo México

Ese verano acepté un puesto de cocinera en un café de Pilar, un pueblo de doscientos habitantes situado al sur de Taos, que ahora se conoce cariñosamente como el Café del Club de Yates de Pilar por su proximidad a la comunidad de rafting del Río Grande. Pensaba que vivir cerca del río me ayudaría a estar en sintonía con la Gran Madre. Resultó que conocí a una familia local que me ofreció alojamiento gratis en una diminuta caravana aparcada a la orilla derecha del río. La madre de la casa se llamaba Meadow. Tenía dos hijas, Ajna y Riversong. Meadow y sus hijas se habían enterado de mi profunda atracción por la Gran Madre y tenían inclinaciones similares. Aún no sabía el regalo tan grande que me haría Meadow.

La natación sustituyó al esquí como pasatiempo diario de verano. Lo primero que hacía por las mañanas era sumergirme en la fría nieve derretida de la cabecera del río Del Norte, solo para sentir cómo me dejaba sin aliento. Sentir la comunión con la Gran Madre en ese momento no requería prácticamente esfuerzo. Era encantador entrar en un estado de ensoñación sentada con las piernas cruzadas en la pradera verde esmeralda cercana al río. Sentada allí, a la orilla del río, no podía evitar preguntarme cuándo conocería a "la mujer sabia" que me había llamado hasta allí y qué sucedería cuando nos conociésemos. ¿Pasarían muchos años hasta que esa parte de mi destino se revelase? ¿Se mantendría mi capacidad de sentir cómo la Gran Madre me estaba guiando? ¿La encontraría alguna vez en este mundo?

Sentada a la orilla del río, mientras el sol se ponía, recitaba un conocido canto a la Diosa y a veces se me caían las lágrimas:

…Isis, Astarté, Diana, Hécate, Demeter, Kali, Inana…

Eran los distintos nombres de las diosas de la antigüedad sobre las que había leído. Decidí confiar en que podría escuchar mi llamada.

¡BINGO!

Agosto de 1983
El Café de Pilar

—Acabo de conocer a un hombre que ha visto a la Madre Divina en la India. ¡Y tiene fotos! —exclamó Meadow una tarde— Acaba de instalarse en el pueblo. Tienes que conocerle.

Nunca olvidaré ese momento mientras viva. Estaba detrás del mostrador del café con un delantal lleno de manchas de salsa de chile rojo encima de mi bañador favorito y una falda vaquera azul a media altura. Mis chanclas estaban todavía mojadas por el baño de la hora de comer.

Solo años más tarde me daría cuenta de que ese anuncio fue el siguiente momento crucial de mi vida. Fue uno de esos momentos de "clic": cuando sabes que algo grande acaba de pasar, o está a punto de pasar. Era la agradable sensación de una llave que encaja en una cerradura y la puerta se abre. Afinar una nota perfecta en la cuerda de una guitarra. Lanzar una flecha que alcanza su objetivo.

Pilar era un pueblecito, y no pasaron muchos días antes de que el recién llegado entrase en el café a tomar algo. Prácticamente salté por encima del mostrador para tomarle nota. Intentando parecer indiferente cuando volví con la comida, le pregunté:

—Entonces, ¿eres el que ha conocido a la Madre Divina?

Con una mirada de reojo y una voz profunda de barítono llegó su comedida respuesta:

—Sí, soy yo.

Apenas pude contener el entusiasmo. Debió de notarse, porque añadió:

—Si estás interesada, voy a poner unas diapositivas el sábado.

Me presenté y le pregunté cómo se llamaba

—Greg McFarland —respondió.

KANI DARSHAN: PRIMER DARSHAN

No veía la hora de que llegara el sábado, pero por fin fue la noche del pase de diapositivas. Llegué en bicicleta a la pequeña casita de adobe con vistas al río. El cielo estaba memorable esa noche; mostraba toda la gama de colores de las puestas de sol de verano que hicieran célebres en todo el mundo las pinceladas de Georgia O'Keefe. Sorprendentemente, nadie acudió a la proyección: yo era el único público. Cuando vi la primera diapositiva de "Ammachi", como Greg la llamaba, me quedé sentada atónita en silencio. La luz de sus ojos deshizo una niebla en la que llevaba envuelta inconscientemente toda mi vida.

La inmediatez de la presencia de Ammachi era innegable. Quiero decir, que allí estaba, justo ahí con nosotros, en la habitación. Supe entonces que tenía que ir a conocerla. Con un sobrecogimiento silencioso, vi el resto del pase de diapositivas y apenas recuerdo una palabra de lo que Greg decía. Cuando el proyector se apagó, grité:

—¡Voy a ir allí!

—Pero no puedes simplemente ir allí —fue la respuesta de Greg—. Allí no hay nada, solo la casa familiar de Amma y unas cuantas chozas. No es posible simplemente llegar. Antes tienes que escribirle a Amma.

QUERIDA AMMA

Y así lo hice. Al día siguiente, en un aerograma azul, escribí:

Querida Amma:
Me gustaría ir a conocerte. Creo que tienes las respuestas de todas mis preguntas. Por favor, ¿me puedes dar permiso para visitarte?
Gretchen

Mi solicitud de pasaporte salió ese mismo día. Se había producido un giro claro en mi vida y no podía quitarme de la cabeza los ojos como estrellas de Amma. Muchísimas veces al día pensaba: "¡Voy de viaje a conocer a la Madre Divina!"

Se me presentó la ocasión de hacer un viaje en balsa gratis por el imponente Río Colorado. Como era cocinera, yo era un recurso valioso en una aventura de quinientos kilómetros en tres semanas por el Gran Cañón. Y pensé: "¿Por qué no? Pasará, al menos, un mes hasta que mi carta llegue a la India y Amma me conteste. Entretanto, es una gran oportunidad para meterme de lleno en la naturaleza".

RÍO ABAJO

El Río Colorado no es una broma. Fluye con un caudal de diecisiete mil metros cúbicos por segundo. La tierra vibraba por el turbulento poder de esas aguas que hacían temblar la orilla donde atracamos en Lee's Ferry (Arizona). La New Wave Rafting Company de Santa Fe había organizando el viaje para sus trabajadores. Greg McFarland dirigiría la balsa en la que yo viajaría. Durante tres semanas enteras, escuché historias sobre su visita del año anterior para conocer a Amma. Un día me dijo que Amma le había dado un *mantra* que podía compartir con cualquier persona que conociera que pudiese parecer uno de los hijos de Amma. No sabía nada de *mantras*, pero cuánto más me explicaba sobre ellos, mejor sonaba. Escribió el *mantra* en un trozo de papel y me dijo cómo usarlo. Ideé una forma de contar mis repeticiones con los dedos para poder hacer series de ciento ocho.

El efecto que tuvo esa recitación que realizaba todas las mañanas y en varios momentos del día fue distinto a cualquier cosa que hubiera experimentado hasta entonces. Se produjo un sutil cambio en mi mente que me hizo sentir sumamente en paz. Me volví muy receptiva con la naturaleza, que nos rodeaba por todas partes. La vibración del *mantra* recorría mi cuerpo a medida que las rondas de *japa* iban aumentando. Me sentía muy feliz sentada en esa pequeña balsa, recitando esa nueva cosa llamada *mantra* y absorbiendo la majestuosidad del Gran Cañón mientras navegábamos. Mis pensamientos estaban llenos de constantes ensoñaciones sobre mi encuentro con Amma.

Al volver del viaje a Santa Fe, a mediados de octubre, una de las primeras cosas que hice fue mirar el buzón. Allí nunca había mucha cosa. Intentando ver por la ventanilla de cristal del buzón, sentí un escalofrío cuando, claramente visible, se veía un aerograma azul apoyado diagonalmente contra un pequeño paquete: ¡mi pasaporte! Mi corazón dio un vuelco cuando vi la dirección del remite, y abrí cuidadosamente la carta. En una escritura que nunca había visto antes, unas letras de niña pequeña e inocente serpenteaban por la página. ¡Debe de ser la letra de Amma! Debajo había una traducción de lo que estaba escrito:

> *Querida hija:*
> *¿Cuándo vienes? Aquí siempre eres bienvenida. Amma está esperando verte. Ven rápido, querida hija.*
> *Beso, Beso*

¡Estaba emocionada! ¡Iba a conocer a Amma! Esa noche llamé a mi familia a Pensilvania y la conversación fue algo así:

—Me voy a la India, mamá.

—¿Te vas a Indiana?

—No, mamá, *India* —contesté.

—¿Para qué diablos?

—Para conocer a Amma, una santa india...

—Pero, ¿por qué?

—Porque siento que tengo que ir a conocerla. No te preocupes, tengo dinero para el billete; papá y tú no tendréis gastos.

¿Qué podían decir? Era la mayor de cinco hermanos y francamente creo que les hacía felices tener a una "fuera del nido", como se dice popularmente. Sabían muy bien que una vez que se me metía algo en la cabeza no tenía sentido intentar disuadirme.

CAPÍTULO 1

Una mendiga en la casa de Dios

Salimos a principios de noviembre. Era el año 1983. Greg McFarland quería volver de nuevo a ver a Amma y llevarse a su hija de quince años, Flora, para que recibiera sus bendiciones. Aterrizamos en Chennai y un día más tarde cogimos el tren nocturno a Kollam. Tras un viaje lleno de baches en *rickshaw*, llegamos al embarcadero de Vallikkavu, y allí estábamos. Mirando hacia el otro lado del río una pared impenetrable de denso verde, finalmente me di cuenta: Amma estaba justo ahí. Me inundó un mar de anticipación mezclada con nerviosismo.

Me había pasado los dos últimos años llamando a la diosa primordial que, según creía, tenía que estar en algún lugar del mundo. Lo que existió antes debe existir ahora: esa era mi firme convicción. ¿Estaba ella solo a un viaje en barca? ¿Por qué no? Desde Copenhague, había sido guiada en cada paso del camino a medida que había ido abriendo el corazón más y más con canciones y oraciones. ¿Estaba preparada para subirme a la barca y cruzar? ¿Qué me esperaba al otro lado? ¡Ahora sí que estaba realmente nerviosa!

Mientras el barquero surcaba el río con su larga pértiga, mi *mantra* encontró fácilmente su lugar en mis labios. Mientras salíamos de la barca, arrastrando las bolsas por un camino diminuto y estrecho, la respiración se me aceleró. Al mirar el suelo, me llamó la atención algo que estaba esculpido en un trozo de piedra negra y gruesa incrustada en el barro. Deteniéndome para mirarlo, sentí un temblor que me bajaba por la columna vertebral. Un círculo perfecto de unos trece centímetros de diámetro, con un punto central destacado, un símbolo inconfundiblemente familiar de muchos, muchos sueños. ¿Este antiguo símbolo de la Diosa Madre solo era una coincidencia? Me dio un subidón de adrenalina que fortaleció mi confianza en que estaba en el camino correcto para conocer a "la mujer sabia" que había estado buscando.

Seguimos caminando un poco más hasta que los cocoteros clarearon y se abrieron a una extensión de arena donde un pequeño grupo de personas estaba sentado tranquilamente. Sin ningún género de duda, ¡allí estaba Amma! Resplandecía incluso desde esa distancia. A medida que nos acercábamos, todo el mundo se puso de pie y Amma se adelantó. Abrazó a Greg y después a Flora. Al volverse hacia mí, la sonrisa de Amma era de mil vatios. Sus ojos eran estrellas penetrantes. Ahora estaba en brazos de Amma y mi corazón estalló como un dique. La sensación era de una alegría intensísima, como si una columna de intensa felicidad, más de lo que pueda imaginarse, me estuviera fluyendo desde los pies hasta lo alto de la cabeza. Podía sentir lágrimas calientes cayéndome de los ojos. Amma se sentó, acercándome para que apoyara la cabeza en su regazo.

Y tuve la primera visión de mi vida: una hélice doble, como una cadena de ADN, iridiscente y luminosa, inundada de un color suave. Sentía que Amma era una parte de la cadena y yo la otra. Estábamos entrelazadas todo lo que podía verse hacia el pasado e infinitamente en el futuro. El punto de coincidencia era este mismo momento en el que volvíamos a vernos. Ese punto emitía una fuerte pulsación de luz. En ese instante, supe que había encontrado a la Madre Divina en esta vida. Que todo lo que me había sucedido hasta ese momento solo era para llevarme de vuelta a ella. Que siempre la había conocido, que ahora la conocería de nuevo y que siempre la conocería en el futuro. No puedo decir cuánto tiempo pasó, pero después todos nos levantamos y la falda de Amma estaba mojada por mis lágrimas.

Cuando me puse de pie, tenía la sensación de estar flotando sobre el suelo. Me vino a la cabeza la expresión "en el séptimo cielo". Como si alguien me hubiera quitado de la espalda una mochila de veinte kilos de peso que no sabía hubiera estado cargando. Más tarde supe que cuando conocemos a nuestro *Guru* se produce una transferencia de nuestra carga kármica. El *Guru* aligera nuestra carga. La sensación de que estaba ocurriendo eso fue instantánea. Una joven occidental trajo una falda limpia para Amma y me dio una sonrisa de bienvenida.

Amma quería llevarnos a dar una vuelta, así que fuimos con ella. Su risa era fuerte, natural y embriagadora. La primera parada fue el pequeño templo, el Kalari, justo detrás de donde Amma había estado sentada. Las puertas del templo estaban cerradas y nos sentamos en el porche delantero. Amma me preguntó cómo me llamaba.

—Gretchen —dije.

—¿Cómo? —preguntó la persona que traducía.

—Gretchen.

Silencio. Nos pusimos a cantar. Amma quería que cantase algo. Yo era malísima cantando. Quizás me estuviera poniendo roja, porque sugirieron "Rain, Rain, Go Away". Así que canté y lo que me dijeron es que procurara sostener las notas. Lo intenté, sin mucho éxito, y seguimos con el paseo.

A la izquierda del Kalari había una sencilla choza rectangular de tres puertas hecha con cortezas de coco. Fuimos allí. Amma abrió la primera puerta enérgicamente, y dijo:

—Mi hijo, meditando todo el día.

Había un occidental sentado de espaldas a la puerta en la posición del loto, inmóvil y absorto en contemplación. Un fuerte empujón de Amma abrió la siguiente puerta, y dijo:

—Mi hijo, no se siente bien, ahora descansando.

Y le acarició consoladoramente. También era occidental, y su cara irradiaba paz; pero estaba pálido y delgado. Se sentó con dificultad para ofrecer su pranam a Amma. Nos sonrió a todos diciendo que podría reunirse con nosotros más tarde.

Se abrió la última puerta y dentro había un simple catre con unas cuantas esterillas de paja en el suelo. Amma se sentó en el catre y me pidió que me sentara a su lado. Me cogió las manos y volvió las palmas hacia arriba. Observó una, y después la otra. No parecía satisfecha, así que preguntó:

—¿Cuál para las mujeres?

Como nadie tenía una opinión en concreto sobre ello, Amma tomó mi mano izquierda. Yo sabía que en mi mano no había línea de la vida, o al menos no muy larga. ¿Quizás fuera eso lo que Amma había estado observando? Lo siguiente que supe es que Amma estaba presionando fuertemente con la uña del pulgar el lugar en que mi línea de la vida desaparecía. Mantuvo la uña allí mucho tiempo y después me soltó la mano. A medida que pasaron las siguientes semanas, me di cuenta de que donde Amma había apretado se estaba formando una nueva línea apenas visible. Una pequeña diagonal se unía a otra línea cercana, prolongando considerablemente mi línea de la vida. Esa unión en diagonal todavía puede verse actualmente en la palma de mi mano izquierda.

Lo siguiente es que empezó la clase de música. Primero, Amma quería que intentase "Hamsa Vahana Devi"; pero el verso *...akhila loka kala devi amba saraswati...* era claramente demasiado para mí. Amma cambió inmediatamente a "Devi, Devi, Devi, Jagan Mohini". Con aquella letra puede más o menos arreglármelas. De nuevo, me animaban a sostener las notas y no dejar que mi voz oscilase tanto. ¡Era muy divertido para todos! Aunque me daba un poco de vergüenza, la emoción predominante era la de cálida bienvenida y aceptación inmediata. Eran personas amables, tranquilas y rejaladas.

Era la hora de comer. Amma nos llevó a la casa de su familia, que estaba junto al Kalari. Había venido más gente a comer y todos cabíamos fácilmente en la sala principal. Se sacaron platos y vasos, se extendieron esterillas de paja y Amma iba de acá para allá sirviendo arroz y *dahl* a cada uno en su plato. Se sirvió cuidadosamente una pequeña cantidad de verduras. Se vertió en las tazas una infusión caliente de color rosado y alguien dijo algo como "karangali vellum", pensando que podría significar algo para mí.

Después empezó una bella recitación que duró unos minutos. El toque final consistía en ponerse un poco de agua en la palma de la mano derecha mientras se recitaba una breve estrofa y después el agua se rociaba alrededor del plato en el sentido de las agujas del reloj. Me hizo sentirme en paz. La comida era muy sencilla y estaba deliciosa, pero nunca había comido tanto arroz con tan poca salsa. No quería pedir más salsa porque la olla parecía pequeña y ya estaba bastante vacía.

Amma se sentó con nosotros, pero no comió. Hablaba muy animadamente. En un momento, se acercó para tirarme de la oreja derecha por alguna razón. Esto provocó una gran risa. No podía creerme lo bien que me sentía en ese círculo de desconocidos que se reían a mi costa. De hecho, yo también me estaba riendo porque la sensación de alegría era contagiosa. Gracias a Dios, a alguien se le ocurrió traducir:

—Amma dice que tu cara le resulta familiar. La marca de tu oreja está donde te tiró la última vez por alguna travesura que hiciste.

Vale. ¿Qué podía significar "la última vez"? Y es cierto, tengo una marca de nacimiento en la oreja derecha.

Sin ninguna razón aparente, recuperé un recuerdo olvidado. En mi infancia, siempre pedía para desayunar arroz con una porción de mantequilla encima. Mis hermanos y hermanas comían *Lucky Charms* y *Fruit Loops*; pero mi pobre madre tenía que hacer arroz para que yo desayunara. Las cosas empezaban a encajar. La comida terminó y Amma se marchó.

MI PRIMER ARCHANA

Dormí casi catorce horas antes de que me despertara el sonido de una campana. Mi reloj de viaje marcaba las cuatro de la mañana. Un horario pegado a la pared de la habitación decía: 4,30 de la mañana: *Archana*. Significara lo que significara aquello, quería asistir. Después de echarme un poco de agua fresca del cubo por encima para lavarme, salí a la fría y oscura mañana de antes del amanecer.

La sala de meditación era la habitación que había debajo del piso de Amma. Mide unos cinco por seis metros. Por la ventana pude distinguir como una docena de figuras sentadas en silencio. Parecía que podría haber justo el espacio necesario para que me sentara cerca de la puerta sin molestar a nadie. Así que entré de puntillas y empecé a asentarme en ese lugar, cuando me di cuenta de que todo el mundo estaba moviéndose para hacerme hueco. ¡Qué educados eran todos esos monjes! En un segundo, toda la pared de la derecha de la entrada estaba completamente vacía. Se habían reagrupado muy apretados en el extremo más alejado de la habitación. Ahora tenía más de un cuarto de la habitación para mi sola. Al ser la única mujer presente, parecía que debían de estar haciendo sitio para las otras dos chicas que vivían en el *ashram*. No tenía ni idea de que había invadido su espacio.

Ajena a todo, me acomodé, puse la pierna superior en la postura del medio loto e intenté arreglarme el sencillo vestido que llevaba para sentarme correctamente. Nadie me miraba, eso era seguro, con lo cual era fácil relajarse y concentrarse.

La recitación empezó, y era en sánscrito, que era algo completamente nuevo para mí, igual que lo era la meditación formal; pero estaba deseando aprenderlo todo, así que me senté con los ojos cerrados y seguí la vibración de las rítmicas entonaciones. Mi mente se estaba calmando estimulantemente cuando percibí un claro aumento de la intensidad y la concentración en el *archana*. Una voz profunda, rica en armónicos, se nos acababa de unir, y eché un vistazo. ¡Era Amma! ¡Qué maravilla que también hiciera el *archana*! Y, fíjate, sin libro como usaban los demás. ¡Se lo sabía de memoria! Nadie me había dicho que podía contar con la presencia de Amma, así que era emocionante verla con una sedosa tela blanca que le llegaba hasta el suelo y que llevaba atada a la nunca, y con el pelo recogido en un moño en lo alto de la cabeza. Brillaba de energía sentada en el suelo junto al resto del grupo en una sencilla alfombra. De repente, la habitación se había inundado de muchísima energía. Para no interrumpir el fluir de todo, cerré los ojos y me concentré en la vibración del sonido. Sin razón aparente, empecé a derramar lágrimas y el corazón se me llenó de una sensación cálida y amorosa. Quizás mi alma reconociera "Los mil nombres de la Madre Divina", como si me hubiera reencontrado con un amigo después de haber estado mucho tiempo separados.

NOMBRES PARA DESAYUNAR

Después del *archana*, todos se dispersaron entre los cocoteros para meditar un largo rato. Encontré un lugar tranquilo y también lo intenté. Como nunca me habían dado instrucciones de meditación, imaginaba que sería difícil; pero la bendición de Amma debió de estar ahí porque mi mente se hundió como una roca en una profunda quietud. Un completo silencio envolvió mi mente y mi conciencia se agudizó. No sé cuánto tiempo estuve allí sentada; pero entonces sonó una campana y mis sentidos volvieron. Me puse de pie, me sacudí la arena y volví a la casa de la familia. Había una olla humeante de gachas de arroz que estaban sirviendo en platos de acero. Había sal en un pequeño cuenco que estaba al lado. Era un desayuno al que quizás tardaría algún tiempo en acostumbrarme.

Después de fregar, se me acercó una mujer occidental que vivía allí. Era muy agradable y cordial. Nos pidió a Flora y a mí que le llevásemos la bandeja del desayuno a Amma a la planta de arriba, así que allá fuimos. La puerta estaba abierta y Amma estaba sentada en el suelo con el pelo suelto y un aspecto increíblemente radiante. Amma sencillamente rebosaba resplandor. Nos miró, se volvió hacia un par de personas que estaban sentadas con ella y exclamó:

—¡Kusuma y Kushula!

Todo el mundo asintió con la cabeza como para expresar reconocimiento y un monje tradujo:

—Amma dice que tu eres "Kusuma" —señalándome a mí— y tú eres "Kushula" —señalando a Flora. Explicó entonces que esos dos nombres aparecían seguidos en el *archana*—. Son vuestros nuevos nombres.

Todo el mundo parecía muy feliz y Amma nos indicó que nos uniésemos a ellos. Me di cuenta de que el desayuno de Amma no era muy diferente del nuestro. Solo un cuenco más de raíz de tapioca cocida y un pequeño plato con un *chutney* rojo brillante. Amma empezó a repartir la tapioca entre todos y siguió hablando del mismo tema que se había interrumpido a nuestra llegada. El ambiente era distendido y animado.

Más tarde esa mañana me pidieron que me registrara en "la oficina", lo que quería decir que me sentara en un cuartito que había junto a la casa familiar de Amma para firmar en un gran libro de contabilidad y enseñar mi pasaporte. El monje que ahora es Swami Purnamritananda fue quien me ayudó, y me preguntó:

—¿Cuánto te vas a quedar?

Le di mi respuesta sin pensar:

—¡Para siempre!

Me miró con cara de desconcierto. Y después sacudió la cabeza con complicidad.

—Pero por ahora solo hasta que expire mi visa de turista de seis meses.

Lo apuntó y me devolvió el pasaporte con una sonrisa.

Otro cuartito que había junto a la oficina servía de biblioteca y tenía una colección excepcional y poco común de libros maravillosos, muchos de los cuales habían sido donados por Nealu, el monje estadounidense que ahora es Swami Paramatmananda, el hombre delgado que habíamos conocido el día anterior en la choza. El monje que se ocupaba de la biblioteca me ayudó a encontrar una traducción al inglés del *"Sri Lalita Sahasranama: Los mil nombres de la Madre Divina"*. Le pedí que me señalara los nombres "Kusuma" y "Kushula". Me dijo que eran los números 435 y 436: *champeya kusuma priya* y *kushula*, "la querida flor Champaka" y "la inteligente", respectivamente.

Me llevé el libro prestado y empecé a copiar los mil nombres de la Madre Divina en un cuaderno que hice doblando y cosiendo por el centro papel rayado. Mi corazón palpitaba de emoción. ¡Era un sueño hecho realidad! También estaban las traducciones en inglés, y tardé horas en acabar la tarea. Pronto tuve mi libreta en inglés hecha a mano por mí misma para las oraciones de la mañana, que me serviría como libro de *archana* los primeros años.

Esa misma tarde, Amma envió a dos de los residentes occidentales a que me acompañaran al pueblo de Kayamkulam a comprar saris y otras provisiones básicas. Cuando Amma vio que solo había traído de Estados Unidos una pequeña bolsita, me preguntó por qué. Le dije que deseaba usar sari y que por eso no me hacía falta una maleta grande llena de cosas. Mi plan era adquirirlo todo allí. Movió la cabeza de lado a lado en la forma india de indicar aprobación. Además de ocuparse de que se comprase lo que me hacía falta, Amma también le pidió a su asistente que me ayudara a ponerme bien el sari. Sentía que cada detalle era importante para Amma.

Esa tarde sería mi primera sesión de bhajans (canto devocional), algo que esperaba con gran ilusión. En aquellos días no se habían publicado libros de cantos, mucho menos en inglés, y no había grabaciones formales; pero había escuchado uno de los *bhajans* de Amma en una chirriante grabadora que Greg había puesto durante el pase de diapositivas unos cuantos meses antes. La voz de Amma y la melodía de aquella canción eran cautivadoras, aunque me resultó difícil distinguir la letra. Era algo así como "Amme Bhagavad Gita nitya…" No veía la hora de escuchar a Amma cantando en persona. Así que con mi nuevo sari de cuadros y mi *asana* tejido a mano ocupé mi lugar en el porche al aire libre que había delante del Kalari, donde todos los residentes del *ashram* podían sentarse cómodamente.

Incienso aromático traído por una ligera brisa marina y una lámpara de aceite que resplandecía con una luz dorada. Los colores de la puesta de sol ardían en el cielo, donde se podían ver algunas águilas surcando el viento. Amma se nos unió en seguida. Se sentó mirando hacia el Este, justo a la izquierda de las puertas abiertas del templo. La persona que tocaba el armonio estaba enfrente de Amma, y los *tablas* estaban justo al lado, también delante de Amma. Sorprendentemente, me di cuenta de que me resultaba más cómodo estar con los ojos cerrados. No suponía ningún esfuerzo concentrarse en los cantos. La manera de cantar de Amma era tan poderosa y natural… Levantaba los brazos y los movía con gracia por el aire como los pájaros que volaban encima de nosotros, con la cara vuelta hacia el cielo y el cuerpo meciéndose con gracia al ritmo de la melodía. Amma llamaba tan fervorosamente con su canto que pensé: "Nadie en todo el mundo podría llamar al cielo así. ¡Ni Aretha Franklin!"

Cuando terminó la primera canción, Amma se inclinó hacia adelante y le dijo algo en voz baja a la persona que tocaba el armonio. Para mi sorpresa y deleite, tocó las primeras notas de la canción que había escuchado en Nuevo México:

amme bhagavati nitya kanye devi,
enne kataksippan kumbitunnen
maye jagatinte taye chidananda
priye mahesvari kumbitunnen

Oh, Madre propicia, eterna virgen Devi,
por tu mirada de gracia, me postro...
Oh, *Maya*, Oh Madre del Mundo,
¡Oh, conciencia pura! ¡Pura dicha!
Oh, querida Gran Diosa, me inclino ante Ti...

Me embargaba la emoción al escuchar a Amma cantar esa canción, la misma canción que me había llevado por medio mundo para conocer a la Diosa de los ojos centelleantes y estrellados. ¿Cómo pudo escoger esa canción? ¿Era una mera coincidencia? Como salido de la nada, llegó un solo pensamiento que se me quedó clavado en la mente: ya no tenía que buscar más. Mi determinación de encontrar a la Madre Primordial en este mundo había sido un éxito más allá de mis mayores sueños. Las lágrimas rodaban por mis mejillas y no había ninguna necesidad más que satisfacer. Todas las partes de mi ser estaban satisfechas. No tenía ninguna duda.

DÍA TRES

El *archana* fue aún más maravilloso con mi nueva libreta escrita a mano. Sin embargo, esa mañana Amma no se nos unió, lo que me hizo darme cuenta de lo especial que había sido la mañana anterior. Pero teníamos mucha suerte porque, al salir de la sala después del *archana*, vimos a Amma a poca distancia sentada en meditación bajo un cocotero del patio delantero. Siguiendo a los demás, y viendo que cada uno se sentaba en un lugar distinto, mantuve una distancia respetuosa y me acomodé. Por alguna razón, era facilísimo entrar en meditación profunda sin siquiera haber practicado meditación antes. Sabía que debía ser bendición de Amma, porque mi mente normalmente saltaba de un sitio a otro como un mono. Cuando nos unimos a Amma todavía era de noche, y lo siguiente fue el sonido de una campana que nos llamaba al desayuno de las nueve.

¿Dónde se había ido el tiempo?

Después del desayuno, Amma estaba dando una vuelta y me pidió que la acompañara —"Kusumam"— con tal ternura que sentí un pinchazo en el corazón. Mediante un traductor, le pregunté si podía ayudar en alguna de las tareas del *ashram*. La cara de Amma se iluminó. Me dio la mano y fuimos a la cocina. Amma dio unas instrucciones y aparecieron un montón de verduras, unos cuchillos y una tabla de cortar. Pusieron un gran recipiente vacío al lado de Amma. Acerqué la tabla y Amma empezó a cortar verduras en su mano ahuecada a una velocidad y con una destreza increíbles. El diminuto machete que usaba con gran habilidad no era fácil de ver, por lo rápido que se movía. ¿Cómo podía nadie cortar verduras tan rápido?

Me maravillé al ver que el montón de Amma era diez veces mayor que el mío en solo cinco minutos. Estaba concentrada en la tarea; pero también provocaba la risa de los que se habían reunido para mirar. En un momento dado, Amma se volvió hacia mí y dijo unas palabras que uno de los monjes me tradujo.

—Amma dice que a un árbol pequeño le hace falta una valla alrededor para protegerlo, para que pueda crecer. De lo contrario, las vacas se lo comerán.

Interioricé eso y comprendí que Amma me estaba animando a quedarme a vivir con ella. Lo que Amma había dicho me emocionó, y me quedé en silencio ¡Nunca me lo había pasado tan bien cortando verduras! Y se acabó.

Pasamos a lavar ollas. Sacamos a rastras la olla grande de arroz y otros cuantos cacharros hasta un grifo que había detrás de la cocina. Lo único necesario para hacerlo era un cuenco de ceniza y un par de trozos grandes de fibra de coco. ¡Es increíble lo limpias que pueden quedar las ollas usando solo ceniza mezclada con arena! A la hora de comer estaba decidido: sería la que fregara los cacharros. Durante los seis meses siguientes, después de cada comida o preparación de leche con agua, iría a la puerta de atrás de la cocina a recoger los recipientes sucios para devolverlos limpios y brillantes. ¡Estaba encantada!

DARSHAN DE DEVI BHAVA

El día siguiente era domingo, mi primer *darshan* de *Devi Bhava*. Un gran número de personas había llegado por la tarde y el ambiente era muy festivo. Después de dirigir los *bhajans* al atardecer, Amma entró en el Kalari y las puertas del templo se cerraron. Un residente me dijo que podía sentarme dentro si quería y me mostraron dónde ponerme para ser una de las primeras en entrar. Todo el mundo cantaba con devoción cuando las puertas del templo se abrieron. Amma hacía girar una lámpara que ardía intensamente con alcanfor aromático. Una corona de plata y otros objetos que no podía reconocer decoraban un pequeño taburete en el centro del templo. La canción que Amma cantaba era "Ambike Devi", la misma que todavía canta antes de sentarse para el *Devi Bhava*:

> *ambike devi jagannayike namaskaram*
> *sharma dayike s'ive, santatam namaskaram*

Oh Madre Ambika, oh guía del mundo, te saludamos.
Oh Shive, que das la felicidad, siempre te saludamos.

s'anti rupini sarva vyapini mahamaye
antadi hine atma rupini namaskaram

¡Oh Tú, cuya forma es la paz, que eres omnipresente,
oh Gran Engañadora!
No tienes ni principio ni fin, y tu forma es el Ser, ¡me inclino
ante Ti!

Antes que el canto terminara, las puertas se cerraron de nuevo y la
intensidad de la música aumentó. Sin saber qué esperar, recitaba
mi *mantra* y mantenía los ojos fijos en las puertas del templo. Al
cabo de un rato, se abrieron de nuevo; pero esta vez Amma estaba
vestida de la forma más bella imaginable. Mi corazón rebosaba
espontáneamente de amor y de algún recuerdo antiguo. Sentada
ahora en el pequeño taburete y envuelta en un sari verde esmeralda brillante, Amma llevaba una espada en la mano derecha
y un tridente en la otra, apoyados ambos en sus rodillas. Podía
oírse el tintineo de las tobilleras entremezclado con el sonido de
los *mantras* que se estaban recitando, el sonido de la concha y
el repique de la campana del templo. Amma mantuvo los ojos
cerrados un momento y después los abrió. Me encontraba a tan
solo unos metros de Amma, justo al lado de la puerta del templo,
y me inundó una ola de calor y luz que no puede describirse. Sus
ojos eran focos resplandecientes de amor y paz. Todo el mundo
aparente había desaparecido. Para mí solo existía la Devi. Alguien
me dio un codazo para que entrara en el templo. Toqué el umbral
con la mano derecha como alguien me había indicado que hiciera,
y entré.

La energía que había dentro del templo era como mil veces
más poderosa. Todo el cuerpo de Amma vibraba sutilmente y el
mismo aire estaba cargado de electricidad. Coloqué mi *asana* junto
a la pared, a la izquierda de Amma y un poco hacia adelante, y
me desplomé en el suelo. Una de las asistentes occidentales estaba

sentada justo a la izquierda de Amma, ayudando en distintas tareas. Amma me miró y me sonrió. Mi mente se derritió. Cerré los ojos y me senté. En algún momento, alguien vino y me susurró al oído: "la cena"; pero era como si lo estuviera escuchando desde un lugar muy lejano, sin que estuviera conectada con mi sentido del oído. Quizás Amma les dijera que no me molestasen más, porque pasó más tiempo. De hecho, pasó toda la noche antes de que una mano me tocara suavemente el hombro y yo consiguiera levantarme de alguna manera. Amma se movía por el templo. Se detuvo y se quedó de pie delante de cada una de las personas que todavía quedaban dentro, quizá diez o doce de nosotros, para darnos un último abrazo.

Por fin, Amma llegó a mí. Me puso la mano en el hombro y me miró profundamente a los ojos durante largo rato. Sus ojos emitían muchísimo poder y luz. Se llame como se llame esa transmisión, penetró hasta mi núcleo y aquietó completamente mis pensamientos. Mi mente se fundió en ese momento, bebiendo todo el amor que se derramaba. Cuando me abrazó lo único que pude hacer es mantenerme de pie.

"TÚ TIENES EL MISMO PODER"

El Kalari
Diciembre de 1983

Cada martes, jueves y domingo por la noche, tomé por costumbre sentarme en ese lugar para meditar durante todo el *Devi Bhava*, levantándome solo al final para el último abrazo de Amma. Esas noches no cenaba. En una de aquellas noches, se estaba acercando el final cuando percibí algún movimiento en la puerta del templo. Al mirar hacia arriba, me quedé horrorizada al ver a un hombre que parecía más muerto que vivo de pie allí y esperando para entrar. Tenía todo el cuerpo cubierto de heridas, algunas abiertas y supurando. Los ojos hundidos en sus cuencas y llenos de mucosidad, las orejas llenas de heridas y sin pelo en la cabeza, que estaba hinchada como un melón demasiado maduro. Podéis imaginar que el olor era fortísimo. Sentí ganas de desmayarme y vomitar a la vez. ¡Sin duda, alguien impediría que entrara en el templo!

Mirando rápidamente para ver la reacción de Amma, mi mente no pudo comprender lo que vi. Su rostro se derretía de amor, como si hubiera aparecido su más querido familiar perdido. Le hizo una señal para que entrara en el templo y se acercara a sus brazos abiertos. Él apoyó la cabeza en el hombro de Amma, igual que lo habían hecho todos los devotos a lo largo de la noche. La cara de Amma brillaba de amor, más incluso que antes. Poniéndose ceniza sagrada en las manos, le acarició los brazos y la espalda una y otra vez, hablándole todo el rato con una voz dulce y tierna, consolándolo. Él, por su parte, se mantuvo en silencio con la desfigurada cabeza caída y, a la vez, completamente relajado mientras Amma lo cuidaba. Recuerdo que estaba sentada a menos de un metro de esta escena y que el efecto visual que aquello produjo en mí fue, cuanto menos, desconcertante.

Pero todavía quedaba por llegar lo más fuerte. Sin estar aparentemente satisfecha con su esfuerzo, Amma le dio la vuelta al leproso para que le diera la espalda. Algunas de las peores heridas, y de las más activas, las tenía en la parte superior de la espalda. Todavía siento que voy a gritar al escribirlo, incluso después de todos estos años. Amma lo acercó a ella y con la boca empezó a absorber suavemente el pus y a escupirlo en un pequeño cuenco de latón que su asistente sujetaba cerca. La mirada de la cara de Amma era de firme intención. No había señal de repulsión ni prisa por terminar una tarea desagradable. Parecía que Amma tenía todo el tiempo del mundo para esa persona. Después lamió con la lengua las peores heridas, y con el dedo índice recorrió la fisura como si estuviera sellando los bordes. Siguió así un rato.

Finalmente, Amma le dio *prasad*, agua bendita y un plátano y se levantó, dando por concluido el Bhava *Darshan*.

Durante los siguientes dos días tuve la mente en estado de shock. Con una formación en Ciencias Medioambientales en la UC Berkeley, era absolutamente incapaz de comprender cómo Amma hacía lo que estaba haciendo. Algunos residentes intentaron responder a mis preguntas. El monje que ahora es Swami Amritswarupananda me explicó que el leproso estaba yendo desde hacía tiempo. Se llamaba Dattan. El monje que ahora es Swami Amritatmananda me dijo que Amma lo estaba curando, que había mejorado mucho respecto a su estado anterior. Sus respuestas hicieron que mis pensamientos giraran más deprisa. Decidí preguntarle a Amma.

Era media mañana cuando encontré a Amma trabajando en el jardín con una gran azada. Estaba haciendo pozos de agua alrededor de los cocoteros del patio delantero. El círculo que formaba como cubeta para el agua alrededor de cada árbol tenía una forma perfecta. Me recordaba el símbolo de granito negro que había en la entrada del camino que llevaba a casa de Amma.

Por medio de un traductor le pedí permiso a Amma para preguntarle por el leproso. Dejó la azada y me prestó toda su atención.

—Amma, lo que vi la otra noche no es posible, quiero decir científicamente posible. Un tejido enfermo como ese no puede regenerarse. ¿Cómo es posible?

—Hija, ¿quieres conocer el milagro?

—Sí, Amma, por favor, dímelo.

—El verdadero milagro es que tienes el mismo poder en tu interior, pero no lo sabes. Amma ha venido para eso (para mostrártelo).

Me sonrió dulcemente, recogió la azada y volvió al trabajo con los árboles. Amma no iba a darle mucha importancia al hecho de que estuviera curando a un leproso. No había ni rastro de ego u orgullo. Desde el punto de vista de Amma, la extraordinaria acción que había presenciado solo era significativa en la medida en que había servido de peldaño para el autodescubrimiento. En ese momento algo se galvanizó en mi interior. Todos los antiguos puntos de referencia de mi vida se desintegraron. Se produjo un cambio irrevocable y tectónico en mi visión del mundo. Mi corazón se abrió a este ser bello, humilde y divino que solo quería mostrarme lo que había dentro de mi corazón.

En ese momento decidí dedicarme a estar con Amma y aprender de ella lo que hubiera que saber. Fue uno de esos momentos de la vida en los que sabes. Sencillamente sabes. Tu corazón lo sabe con una certeza absoluta. Y avanzamos desde ese punto, para no ser nunca más los mismos. Para ser rehechos en ese momento de escucha, de presencia. Una resonancia desconocida hasta ese momento resonaba en la cámara más profunda de mi corazón, iniciando el viaje espiritual en el que sigo en la actualidad.

Durante veintinueve años he meditado en la imagen de Amma abriendo los brazos al leproso Dattan. Lo he mirado desde todos los ángulos. Me he imaginado que yo era él, para sintonizar con su experiencia de emerger de la muerte a la vida por la misericordia de la Madre Divina. Me imaginaba abrazándolo con mis propios brazos: imposible. Me deleitaba en el recuerdo de la belleza intensa e incandescente del amor puro que había en la cara de Amma cuando recibía al leproso en sus brazos. ¿Y cuál es el mensaje repetido? Que desde el punto de vista de Amma el amor es mucho más importante que la curación. Además, todos tenemos el poder de ese Amor Supremo en nuestro interior. Llámalo Amor de Dios, Amor Divino o *"Prema"*, que significa Amor Supremo en sánscrito: decidamos llamarlo como decidamos, es el Amor todopoderoso, que siempre triunfa, eternamente universal. Según los santos y los sabios de todas las tradiciones, ese amor es nuestra verdadera naturaleza. Solo estamos separados de él. La meta de

Amma con Dattan

la espiritualidad es despertar ese Amor Supremo que es nuestra naturaleza innata, nuestro mayor potencial inherente como seres humanos. Siguiendo el camino del amor, yo encontraría ese Amor.

¿Quién tiene el poder de darle la vida al moribundo? A la que tiene ese poder no le hace falta ensuciarse sus bellas sedas abrazando a un hombre que se está descomponiendo. Basta con mostrarle las palmas de las manos y transmitir la sanación con el poder de la mente. Tiene ese poder; pero, para Amma, entre las dos posibilidades era mucho más poderosa la de mostrar a Dattan, un hombre que había sido rechazado por sus propios parientes y amigos y abandonado para morir, que era amado. ¿Quién tiene la mente necesaria para concebir eso? ¿Quién es el árbitro del destino? Camina entre nosotros, y su nombre es Mata Amritanandamayi. La Madre de la Gracia Pura.

CAPÍTULO 2

Mis primeros pasos

Como es ahora alrededor de Amma, así era entonces. En un solo día se pueden experimentar tantas cosas… y aquellos meses pasaron volando. Puse el horario del *ashram* en la pared de mi habitación para que me sirviera de guía diaria.

4,30:   *Archana*
6-9:   Meditación/Yoga
9:          Desayuno
10:         Clase sobre las escrituras
11-13:   Meditación
13:         Comida
14-16:   Tiempo libre
16-17:   Clase
17-18,30:   Meditación
18,30-20:   *Bhajans*
20,30:   Cena
21-23:   Meditación

Mi primer gran descubrimiento fue que me encantaba meditar. Todo lo demás encajaba en mi día alrededor de las sesiones de meditación. Sobre todo me sentaba en el porche del *Kalari*. Durante horas. De ese modo las comidas, la clase y el lavado de cacharros me quedaban solo a unos pasos. Eficiente, sin molestar a nadie, extasiada. Tras levantarme para comer o limpiar ollas, volvía al *Kalari* y me sentaba de nuevo. Así pasaban los días, y después las semanas y los meses.

41

LAS CLASES

Las clases eran un momento especial del día: la *Bhagavad Gita* por la mañana y una de las *upanishads* por la tarde. Recuerdo una mañana concreta en que Amma inauguró una nueva clase. Se sentó en el *Vedanta Vidyalayam*, un pequeño refugio con un sencillo tejado y suelo de cemento que estaba en diagonal al oeste del *Kalari*. Sentada en una pequeña plataforma en alto, con un montón de libros a su lado, Amma encendió una lámpara de aceite que había sido decorada y se utilizaba en esas ocasiones mientras el monje que daba la clase dirigía los cantos. Amma arrojó pétalos sobre los libros y sobre nosotros y bendijo un *kindi* (un recipiente ceremonial de bronce) de agua que también roció de agua. Después, uno por uno, cada uno de nosotros avanzó hacia Amma ofreciéndole un sentido *pranam* y recibiendo el nuevo libro de sus manos. Miré mi libro. El título era "Vedanta-Sara", de Adi Shankaracharya.

Estudiar *Vedanta* me abrió los ojos. Con minucioso detalle, Adi Shankaracharya explicaba la filosofía de la unidad, un campo unificado de conciencia pura, de existencia pura, que era el sustrato del universo. Experimentar directamente la unidad, ir más allá de nuestra realidad aparente, es intrínsecamente posible para nosotros si nos ponemos a ello. Es el objetivo del nacimiento humano. La experiencia no hay que conseguirla; ya existimos en ese estado. Sin embargo, debido a nuestra falta de comprensión, nos identificamos con el cuerpo y la mente, que son efímeros, y no con su sustrato eterno: la conciencia pura. Debemos comprender que todos los placeres sensibles son pasajeros y, en último término, una fuente de sufrimiento futuro. Cuanto más claro lo veamos, más fácil nos resultará desapegarnos de nuestros gustos y aversiones egoístas. Poco a poco, despertamos más y más a una visión verdadera del mundo, de nosotros mismos y de Dios, experimentando directamente los tres como en esencia una conciencia pura. Con la visión corregida mediante la compresión espiritual, todos los miedos desaparecen. Todos los deseos egoístas se evaporan. De ese modo, somos liberados de nuestro egoísmo. Eso no nos vuelve inactivos, sino que, como Amma, seguimos actuando no por nuestro propio bien sino por el bien del mundo. Para una mente científicamente formada como la mía, el *Vedanta-Sara* de Shankaracharya fue un bálsamo de puro alivio. Mi mente absorbió su clara explicación de la verdadera realidad como alguien bebería agua después de un largo paseo por el desierto.

Las otras dos mujeres residentes eran australianas. Todas teníamos más o menos la misma edad, aunque yo era la más joven. Una era sobre todo la asistente personal de Amma y la otra era callada, de tipo intelectual, y atendía a Amma durante los *darshan* de *Devi Bhava*. Cada una de nosotras estaba ocupada con sus tareas y no pasábamos ni un momento del día hablando entre nosotras. Llegué a conocerlas únicamente por el tiempo que pasamos juntas sirviendo a Amma y el *ashram*.

Las admiraba a las dos. Tenían ese aire especial de parecer siempre saber lo que había que hacer. Una estaba constantemente recitando su *mantra*, en silencio, claro, mientras se ocupaba de todas las necesidades inmediatas de Amma como cocinar, limpiar y lavar la ropa. Era muy eficiente en sus obligaciones; pero también encontraba tiempo para encargarme tareas especiales que me acercaban a Amma.

La otra mujer estaba igualmente dotada de eficiencia en el aspecto académico. Me di cuenta de que después de cada clase, mientras me preparaba para mi sesión de meditación, ella volvía a su habitación para copiar con esmero sus notas de clase en un gran libro parecido a los de contabilidad donde anotaba la traducción en sánscrito e inglés de cada estrofa sobre la que nos habían hablado. Lo que yo había logrado en las ciencias en la universidad, ella lo hacía en lo espiritual. Era asombrosa su concentración y su amor a la Madre durante el *Devi Bhava*. Permanecía silenciosamente presente al lado de Amma, sin perder nunca el ritmo hasta el final, que normalmente era a las tres o las cuatro de la madrugada.

Me preguntaba si alguna vez yo tendría esa capacidad de disciplina. Absorbía los conceptos espirituales que estábamos aprendiendo en clase y realizaba servicio desinteresado lavando cacharros; pero el núcleo de mi práctica espiritual era el tiempo que pasaba en meditación.

UNA CLASE DE YOGA

Una mañana Amma me llamó a su habitación poco después del desayuno. Alguien había mencionado que sabía *hatha yoga* y quería ver mis *asanas* (posturas de yoga). Un par de residentes estaban sentados en silencio en el rincón, sin prestarme mucha atención. Así que empecé con el saludo al sol. Después, mantuve un largo rato la postura del arquero sobre un solo pie. Después, boca abajo en la postura sobre la cabeza, y algunas otras posturas que Amma me pidió. No daba mucha importancia a mi práctica de yoga porque lo había aprendido de manera informal con la madre de una amiga del instituto que me había enseñado lo básico; pero a Amma le encantó, y me hizo repetir algunas posturas una y otra vez.

Por fin, Amma me pidió que me sentara frente a ella en la postura del loto. Eso era bastante fácil. Amma también se puso en la posición del loto, alineando sus rodillas con las mías. ¡Entonces empezó la diversión! Amma se inclinó hacia adelante y me agarró los antebrazos. Hice lo mismo. Entonces, girando en el sentido de las agujas del reloj, empezamos a hacer un círculo despacio, primero pequeño, y después el arco se hizo cada vez más grande. Pronto, Amma estaba estirándose hacia atrás justo por encima del suelo, mientras yo me inclinaba hacia adelante para contrarrestar el peso y la fuerza del movimiento de Amma. Después, mi torso daba una vuelta hacia atrás, justo por encima del suelo, con apenas ángulo para evitar tocarlo, pero el peso y la oscilación de Amma me contrapesaban.

Amma, por su manera de agarrarme, me indicó que fuéramos más deprisa. Así, vuelta tras vuelta, en este movimiento giratorio, íbamos a un ritmo perfecto. Nunca lo había hecho antes. Era mucho más que excitante. La asistente estaba cerca, de rodillas, y podía oírla diciendo: "Tened cuidado, ¡vais a daros un golpe en la cabeza! ¡Tened cuidado! ¡Parad ya!" Pero sabía que Amma y yo estábamos en perfecta sincronía, porque cuando ella daba una vuelta hacia atrás, yo estaba dando la vuelta hacia adelante. En cualquier caso, no había manera de reducir la velocidad porque Amma era la que dirigía, no yo. Finalmente, Amma frenó y todos nos caímos al suelo con un ataque de risa. La cabeza no me daba vueltas en absoluto, pero sin duda me habían hecho girar el alma.

Después de recuperar el aliento, Amma me dijo que empezara a enseñar yoga a las demás residentes. La clase se realizaría en la habitación de Amma por la mañana, después de que ella bajara. Y así la *yogini* más grande del universo, Amma, inauguró la primera clase de yoga para mujeres del *ashram*.

APRENDIENDO A LAVAR LA ROPA

Detrás de la casa de la familia de Amma había tres piedras para lavar y un grifo del que a veces incluso salía agua. Allí fue donde me encontré la primera semana, peleándome con mi ropa sucia. Esa gran piedra de lavar, ¿cómo funcionaba exactamente? Armada con mi cubo, una barra de jabón *Rin* y muchas manchas en la ropa, me puse a ello. Es evidente, ¿verdad? Llena el cubo, mete la ropa, echa el jabón, frota con el cepillo de plástico en los lugares donde realmente haga falta, intenta no salpicar al vecino y, por supuesto, no desperdicies agua.

Todo parecía ir bien al principio, quiero decir que ese ciclo funcionaba; pero en realidad tardaba muchísimo más que los demás. No queriendo que pensaran que era la novata que acapara la piedra de lavar, miraba lo que hacían los demás mientras esperaba mi turno para el grifo. ¡Ajá! Golpeaban la ropa contra la piedra y después la frotaban contra la superficie de la piedra. Mucho más eficaz que mi diminuto cepillo de frotar. Así que, después de rellenar el cubo, empecé a hacer lo mismo. O a pensar que lo hacía.

Finamente, uno de los monjes, que ahora se llama Swami Amritaswarupananda, se volvió hacia mí y muy educadamente dijo:

—Si golpeas la ropa en la piedra de esa manera no quedará nada de ella. Mira, inténtalo mejor de esta manera.

Realmente me emocionó que quisiera ayudarme a mejorar mi técnica y no me importó decirlo. Estaba en lo cierto: se hacía un pequeño giro con la muñeca que le daba la vuelta a la tela en el aire para que cayera sobre sí misma y no tan directamente contra la dura piedra. Claramente, la tela se exprimía más con ese movimiento, que es como las manchas se soltaban del tejido. Y también era mucho más rápido. Solo la mitad de ruidoso y un número significativamente menor de burbujas de jabón volando por el aire hacia el vecino, lo que es realmente poco cortés. Sin darme cuenta, había terminado todo el cubo y la siguiente persona, muy agradecida, podía ocupar su sitio.

OBLIGACIONES NOCTURNAS

Por la noche, después de los *bhajans*, mi tarea era caminar detrás de Amma con una botella, un abanico y una toalla para la cara. Si sucedía que Amma pedía algún objeto en concreto, iba corriendo a conseguirlo. Si Amma llamaba a alguien, iba a buscarle. Amma daba alguna vuelta, a veces sola, pero más a menudo en compañía de devotos que habían llegado o con residentes. Sentados bajo los cocoteros, o en la puerta de las chozas, mantenía largas conversaciones hasta bien entrada la noche. A veces, Amma se reía y bromeaba juguetonamente; otras veces, se hablaba de cosas importantes. Para mí era un momento de *mantra japa* continuo y de estar atenta a lo que le hacía falta a Amma. Su nivel de energía nunca decaía. Su atención estaba enfocada en los problemas y las preocupaciones de los demás. Dedicaba su tiempo totalmente a cualquiera que hubiera acudido buscándola. Privándose de comida y de sueño día tras día, era difícil seguirle el ritmo, incluso para una chica de veintitrés años.

Una noche, después de los *bhajans*, alguien le trajo a Amma un *tambura*, el instrumento musical de acompañamiento de cuatro cuerdas que tiene un sonido reverberante. Amma empezó a tocar el *tambura* mirando las estrellas. Mientras la observaba, entró en *samadhi*. Nunca había visto a nadie en ese estado, y surgió una oleada de paz purificadora. No quería perturbar ese momento de pura dicha mirando a Amma; pero su rostro brillaba con una incandescencia iluminada por la luna que parecía salirle de dentro. El esplendor del brillo de Amma era cada vez mayor. Durante un rato, le cayeron lágrimas por las mejillas. Después se pudo oír una suave risa murmurante que sonaba como si viniera de otro plano de existencia. Siguió así bastante rato y después se apagó. Esa fue la noche en la que comprendí que este camino del amor era mucho más profundo de lo que me había imaginado. La conciencia de Amma estuvo embebida durante horas. Estuve sentada cerca de Amma hasta que abrió los ojos, justo antes del amanecer. Los monjes se sentaron cerca en meditación mientras pasaba la noche, deleitándose en el sublime ambiente.

TODAS LAS NOCHES

Cada noche, Amma llamaba a una o dos de las chicas para que se quedaran con ella en su apartamento para ayudarla. En mi opinión, si quieres saber qué tipo de persona es alguien, ve a su habitación. La mía está desordenada; la de Amma es increíblemente sencilla. Mide como mucho cinco por siete metros, tiene las paredes blancas y contiene un estrecho catre con armarios de puertas correderas que se han construido debajo para guardar la ropa de Amma. Ningún mueble, ni siquiera una silla. Amma se sentaba en una esterilla de paja en el suelo para comer. Ni teléfono, ni televisión, solo un ventilador en el techo. "La cocina" consistía en un hornillo de dos fuegos situado en un pequeño balcón y en un frigorífico minúsculo. Los únicos adornos eran una estatua de arcilla pintada de Krishna en una esquina y una imagen de la Diosa Saraswati que estaba colgada en la pared a los pies de la cama de Amma.

A riesgo de adelantarme en la historia, quisiera contar una anécdota. Un verano reciente, mientras Amma estaba fuera de gira, se construyó para ella una bonita habitación nueva junto al mar. Grande, aireada, llena de luz, con vistas al Mar Arábigo, con brisa marina, con el único sonido de las olas rompiendo, con una cocina como Dios manda. Cuando Amma volvió de la gira, se negó a poner un pie en el nuevo piso diciendo que el cuarto original era perfecto. Y eso fue el final. El piso de Amma de entonces es su piso actual, aunque por supuesto ahora tiene teléfono.

Pero me desvío. Por la noche, la habitación de Amma era un momento de quietud. Le servía una cena sencilla mientras ella leía su montón de correo y después escribía las respuestas. Pero algunas noches, Amma también aprovechaba para trabajar. Una escena común era ver a Amma leyendo una carta que tenía en una mano y a otra persona leyendo otra en voz alta. Si alguien entraba en la habitación, quizá el lector se detuviera. Entonces,

Amma le preguntaba por qué se había parado: "Tengo dos oídos, no hace falta parar". Y era verdad. Su mente podía estar totalmente presente en cada una de las tareas y realizarlas a la perfección.

También era un momento adecuado para resolver cualquier problema si los residentes necesitaban consejo o corrección. Amma tenía una "política de puertas abiertas", lo que significaba que la puerta del piso se dejaba abierta. Podíamos presentarnos allí en cualquier momento si hacía falta. Siempre me asombraba que, fuera de día o de noche, Amma no necesitaba privacidad; les daba todo su tiempo a los demás. Si a Amma le dolían los pies o las pantorrillas, le daba un masaje, o ayudaba a preparar la comida de Amma. "Dormir" no es una palabra que usaría para describir lo que Amma hacía cuando se tumbaba. Era más dejar que el cuerpo descansara unas horas. Su conciencia de todo lo que pasaba continuaba incluso durante ese rato, lo que era evidente porque muchas veces nos despertaba para que nos ocupásemos de alguien que había llegado por la noche o que se había puesto enfermo y necesitaba ayuda.

COCINAR PARA AMMA

Una vez me pidieron que le preparara un plato de acompañamiento para la bandeja de la cena. La otra asistente me aconsejó qué plato preparar y me dio las instrucciones precisas; pero en lugar de recitar mi *mantra* sin interrupción, recuerdo que pensaba: "Oh qué suerte tengo de estar preparando este plato. Amma lo disfrutará muchísimo. ¡Quizás sea a la que siempre le pida que cocine para ella!" Puro ego en el plato en lugar de puro *mantra*.

Se sirvió la cena, pero me llamaron para hacer algo. Decepcionada al no tener ocasión de ver a Amma disfrutando de mi ofrenda, no me imaginaba lo que vendría después. Una media hora más tarde, alguien vino corriendo a buscarme. Me llamaban para que fuera a la habitación de Amma porque se sentía sumamente enferma. Cuando llegué allí, me quede horrorizada. Amma empezó a vomitar violentamente en el baño y quería que la sujetara con fuerza. Me sentí fatal mientras estaba con Amma, ayudándola y echándole agua fresca, dándole un vaso de agua para que se enjuagara la boca y una toalla cuando se le pasó la nausea, lo que finalmente sucedió. Sabía que tenía que ser por el plato que había preparado con tanto ego. ¡Qué desastre!

Los monjes estaban muy preocupados y querían saber cómo había preparado la comida, por qué le había dado ese plato en concreto, que normalmente no se comía por la noche, etc. Entonces, cuando Amma lo hubo echado de su organismo, nos sentamos todos juntos. Les dijo a todos que el verdadero problema del plato era… y esperamos a que llegara la respuesta de Amma. Pero entonces se echó a reír y me tiró de la oreja, de la oreja derecha, naturalmente, de la que me había tirado el día en que nos conocimos. Les dijo a todos, y no solo a mí, que teníamos que tener plena conciencia cuando realizáramos todas y cada una de las acciones. El *mantra* nos ayudaría si lo recitábamos continuamente. Si lo recitábamos con *sraddha* —conciencia y fe— purificaría todas nuestras acciones.

Todos escuchamos con atención, yo la que más, naturalmente, porque era realmente mi momento de aprender. Esa era la forma en la que Amma enseñaba, con una suave facilidad, sin avergonzar a una persona en concreto, pero asegurándose de que la esencia se trasmitía; no solo en beneficio de la persona, sino también de los demás. Durante todos estos años, Amma sigue en ese estilo. Ha habido muchas regañinas, y a veces no ha sido inmediatamente obvio por qué una situación concreta provocaba una respuesta fuerte de Amma. Me he dado cuenta de que el tono de Amma siempre estaba al nivel de la persona a la que iba dirigida la enseñanza. Los de lengua afilada recibían reprimendas fuertes; los de naturaleza más dulce recibían las que les correspondían. Si una regañina me parecía confusa, descubría que con reflexión siempre me quedaba claro lo que tenía que corregir. La tarea de Amma era liberarnos de nuestro sentido del "yo" y "lo mío", de nuestro mezquino egoísmo. Generalmente, necesitaba aflojar mi sentido de ser la hacedora. ¿Por qué voy a reaccionar ante Amma? ¿No he venido para eso, para llegar a ser realmente libre?

LÁMPARAS ENCENDIDAS

Otra noche, después de los *bhajans*, llegaron varios coches particulares para llevar a Amma y a los residentes del *ashram* a visitar una casa en Kollam. Una de las primeras familias de devotos de Amma vivía allí y se había organizado una recepción. Ya eran las nueve de la noche cuando nos amontonamos en los coches: Amma y las chicas en la parte de atrás y los dos monjes delante. Los otros coches estaban hasta arriba con el resto de los residentes y los instrumentos. Cuando entramos en el coche de Amma, el asiento de atrás estaba bastante abarrotado. Conseguí agazaparme sin demasiado problema, dejando más espacio para Amma, y además con una visión perfecta de la escena que estaba desarrollándose. Amma se puso a cantar "Siva Siva Hara Hara", y lo que empezó lentamente se convirtió en un *bhajan* a toda velocidad que no tenía fin. Amma se reía y gritaba. Todos cantábamos plenamente desde el corazón. El coche entero estaba lleno de una dicha indescriptible. ¡No sé cómo pudo arreglárselas el conductor! Cuando terminó la canción, estábamos prácticamente en Kollam. Amma estaba con un estado de ánimo muy elevado y entusiasta. Sus ojos eran brasas ardientes.

Le pregunté a Amma por la intensa dicha que yo sentía cuando cantaba un *bhajan* con todo el corazón, lo que, por supuesto, solo pasaba algunas veces. "¿Es esa la verdadera dicha?" Amma me dijo que siguiera intentando reducir la distancia entre los momentos en los que experimentaba esa dicha para volverla continua. Que entonces esa sería la verdadera experiencia, cuando toda distancia hubiera desaparecido. Cuando llegamos a Kollam, estaba claro que nos esperaba una noche especial.

La casa estaba engalanada para la llegada de Amma. Por todo el porche había guirnaldas de flores y una enorme lámpara de aceite brillaba en la entrada principal. Llevaron a Amma a la sala de *puja* de la familia, donde se amontonaban muchísimas bandejas de fruta y aromáticas flores de jazmín. Cerca de donde Amma se sentó, había una bandeja con brillantes objetos de bronce para la *puja*. Todos los monjes se amontonaron dentro. Yo estaba sentada justo detrás de Amma con una toalla para la cara y un abanico.

Todas y cada una de las fotos del altar tenía una *mala* de flores frescas. Alguien se había pasado el día entero preparando perfectamente la sala de oración. Miraras donde miraras, había alguna muestra de belleza. La zona central la ocupaba una foto grande de Amma en *Devi Bhava*. Amma empezó a encender la lámpara de aceite nueva con una lámpara más pequeña que sujetaba con la mano y que había encendido con una cerilla. Después, tras encender unas cuantas bolas de alcanfor con la lámpara, Amma las puso con los dedos a flotar en el agua del *kindi* de bronce. ¿Cómo podía hacer eso sin quemarse los dedos ni apagar la llama? Mientras el alcanfor giraba en la superficie del agua, Amma tomó un poco de ceniza sagrada y la echó en el agua. Ahora el alcanfor que se quemaba iba a la deriva y corría de un lado para otro, mientras Amma observaba todo el rato su movimiento. Los monjes ya estaban recitando *mantras* y Amma se les unió después. No eran los *mantras* que había estado oyendo en el *ashram*. Eran distintos. Por mi falta de conocimiento del sánscrito, sencillamente se convirtieron en "los *mantras* de las visitas a las casas".

Amma levantó el gran cuenco de agua que había bendecido con el alcanfor y la ceniza sagrada. Lo sostuvo cerca de la cara y respiró sobre la superficie del agua, y después inspiró el aire profundamente. Al menos, eso es lo que parecía que estaba haciendo desde mi privilegiada situación. Se encendió la "cuchara" del *arati* y Amma hizo círculos con la llama delante de algunas fotos de la *puja*, pero no la suya. Cogió un puñado de flores de jazmín mezcladas con algunas flores rosas y rojas que no reconocí. Las sostuvo un momento sobre el alcanfor en llamas y después las arrojó bendiciendo las fotografías. Rociando un poco de agua sagrada con la mano derecha por la habitación y sobre las personas que estaban allí, Amma se puso a cantar:

*Vedanta venalilute oro nadanta panthannalannal
ni tan tunaykkum avane enne Gitarttham ippozh evite?*

¿Dónde está ahora la Verdad de la *Gita*
que proclama que guiarás
a un viajero hasta el silencio último
por la estación seca y cálida del *Vedanta*?

Esa canción equilibraba el *bhajan* que habíamos cantado en el coche. Sentía que la dicha del comienzo de la canción me transportaba, e intenté hacer lo que Amma me había sugerido. Eliminar la distancia. Aquietar los pensamientos y centrar la mente en un solo punto. Disolverme en el amor divino, al menos durante un momento.

Después, la familia llevó a Amma a una habitación grande donde pudo recibir a los muchos familiares que habían acudido al *darshan*. Nos dieron una comida deliciosa. Era mi primera comida india completa; pero no pasó mucho tiempo antes que empezara a suplicarles que dejaran de llenarme el plato. Todos se reían mientras decía en malayalam "maddi", que significa "basta".

Habíamos pasado cerca de una hora en la casa y pensaba que entonces volveríamos al *ashram*; pero, en lugar de subir al coche, Amma me hizo una señal para que la siguiera y salimos calle abajo a gran velocidad. Los monjes nos alcanzaron justo cuando Amma llegaba a la siguiente casa donde había una lámpara de aceite encendida en la puerta principal. La familia estaba esperando con expectación y Amma entró a la habitación de la *puja* antes de que pudieran acabar de lavarle los pies. Se repitió la misma escena; pero Amma cantó otra canción:

> *kotannu koti varshangalayi satyame*
> *tetunnu ninne manusyan*

Oh Verdad Eterna, durante millones y millones de años la humanidad te ha estado buscando.

Amma le dio *darshan* a esa familia y también a sus parientes. Después comió una cantidad minúscula de la comida que le ofrecieron. Salimos por la puerta y ¡a la siguiente casa donde había una lámpara encendida en la entrada! Así, Amma recorrió siete casas más, conmigo corriendo detrás para seguirle el paso. ¡Era muy rápida! Los monjes estaban sincronizados con el ritmo de Amma, sin problema. Cuando salimos de la última casa, miré el reloj: eran casi las dos de la madrugada. El cielo estaba despejado y el aire era estimulantemente fresco… pero, espera: Amma iba en dirección contraria a donde habíamos empezado. Salí corriendo para alcanzarla.

Su paso se aceleró y entonces apareció un pequeño sendero. Amma tomó el camino, conmigo siguiéndola de cerca. Un momento después, apareció otra calle. ¡Más de una docena de casas habían encendido lámparas de aceite a lo largo de la carretera que se perdía en la noche! La animación de Amma no decayó ni un ápice. Era un taza de amor que rebosaba, llevando alegría a todas y cada una de las casas donde había una lámpara encendida. Su entusiasmo por llevar sustento espiritual a cada persona que estuviera esperando su llegada con expectación no tenía límite. Llegamos al *ashram* justo antes del amanecer.

LA FAMILIA DE AMMA

La familia de Amma era generosa de muchas maneras. Enseguida pude verlo. Me dieron la bienvenida a su casa, me dieron una habitación en su casa y cualquier cosa que tenían era para apoyar al *ashram* sin esperar nada a cambio. Su familia había pasado por muchísimos problemas cuando Amma se iba haciendo cada vez más conocida por su divinidad. Ya habían llegado a su puerta seis buscadores espirituales de tres continentes distintos para vivir cerca de Amma. Podían haber reaccionado de muchas maneras; pero eligieron desempeñar, ante todo, el papel de unos anfitriones muy atentos. Ha sido increíble conocer a la madre y al padre de Amma, a sus hermanos y hermanas, a lo largo de estos años; verles ir a estudiar, obtener títulos, casarse y criar a sus propias familias, crear negocios y tener éxito por sí mismos.

No pudo ser fácil adaptarse a las constantes exigencias de la creciente misión de Amma justo en su patio delantero. Una y otra vez, cedían sus propios hogares y su tierra para irse un poco más lejos y alojar el constante flujo de más y más devotos. La madre y el padre de Amma, sus hermanos y hermanas, dieron de buen grado lo que hacía falta por el bien del *ashram*, para que pudiera crecer.

Todos ellos pasaban muchas noches disfrutando al aire libre en mutua compañía, hablando y riéndose como hacen las familias. Todo lo que tenían lo compartían con todos nosotros, incluyendo su casa entera, sus terrenos, la comida y la leña para cocinar la comida. Si alguien venía por la noche o le hacía falta un lugar para descansar, siempre ofrecían su casa. Mientras que a algunas familias podrían haberles sentado mal las constantes intrusiones, con ellos era todo lo contrario. Sentían que era su obligación dar la bienvenida a los devotos.

Años más tarde, todas las tierras que habían donado se inscribieron como fundación a nombre de la orden de *sannyasa* que Amma ha establecido en Amritapuri. Ningún miembro de la familia posee ninguna propiedad del *ashram*, aunque dieron todas sus propiedades gratuitamente a la fundación sin ninguna compensación. No recibieron ni una sola *paisa* por sus terrenos. Todas las escuelas, hospitales e instituciones que Amma ha creado se han confiado al consejo de directores del *ashram*. Ni siquiera el nombre de Amma aparece en ninguna escritura o título de ninguna propiedad del *ashram*. Ni ningún miembro de la familia de Amma pertenece a ningún consejo. Solo los *sannyasins* integran la junta directiva. ¡Qué reconfortante es esto en esta época!

Cuando llegó el momento para que Durga, la sobrina de Amma, se casara, en mayo de 1999, se produjo un gran entusiasmo, ya que era la primera sobrina de Amma en casarse. La familia pidió la bendición de Amma para solicitar un crédito bancario y asegurarse de que todos los preparativos se realizaran adecuadamente. En la India, la familia de la novia todavía es la que corre con la mayor parte de los gastos. La boda fue una ocasión propicia por varias razones. En primer lugar, mostraba que la familia de Amma era capaz de hacerse cargo de sus propias necesidades sin depender en absoluto del *ashram*.

Además, para Sugunanand Acchan y Damayanti Amma era un motivo de orgullo familiar el que todos sus hijos y los cónyuges de estos fueran graduados universitarios y hubieran sido capaces de hacer buenas bodas y mantener a sus familias en medio de la floreciente comunidad del *ashram*. Antes de mucho tiempo todos estarían dirigiendo prósperos negocios, fueran de productos lácteos o de construcción de barcos, gracias a su duro trabajo y a sus talentos naturales. Invitaron a todo el mundo a la boda y en la enorme y memorable fiesta que siguió dieron de comer a un gran número de personas, como es costumbre en la India.

EL DARSHAN DE KRISHNA BHAVA

Por la mañana hubo un anuncio sorprendente: el domingo, Amma daría *darshan* de *Krishna Bhava*. Aquello era muy especial para todos los devotos, porque en el pasado Amma había dado *darshan* tanto de *Devi Bhava* como de *Krishna Bhava* en la misma noche, pero ya no lo hacía. La noticia se propagó rápidamente y el domingo multitud de personas llegaron a esperar a que empezara el *Krishna Bhava*. El ambiente en el *Kalari* era totalmente distinto. Krishna era juguetón con los devotos y la Devi era seria. Krishna se ponía con un pie en el suelo y otro sobre un pequeño taburete, sin sentarse. Los devotos llenaron el templo y recibieron el *prasad* de pie. Había un cuenco lleno de plátanos para que Amma diera de comer a todos los que iban al *darshan*. Los *bhajans* también eran distintos, sobre todo *bhajans* de Krishna, muchos de los cuales tenían melodías alegres. Al entrar en el templo para meditar como de costumbre, no me apetecía ir al *darshan*. Suena terriblemente extraño decir esto, pero mi devoción era enteramente para la Madre Divina.

Hacia el final de la noche, alguien vino a llamarme para que fuera al *darshan* porque Amma sabía que no había ido todavía, pero les dije que mi corazón solo quería a la Madre Divina. Cuando el *Krishna Bhava* llegaba a su fin, Amma fue a la puerta del templo a despedir a los devotos, muchos de los cuales se habían quedado. Salió justo fuera de la puerta del templo y se puso a bailar con los brazos en alto y una sonrisa maravillosa. Hasta la cara de Amma era distinta esa noche, más de chico y más traviesa. El baile seguía y seguía mientras el *bhajan* aceleraba su ritmo. Ahora lamentaba mi decisión de no haber ido al *darshan*, pero ya no había forma de cambiarlo. ¡Qué tonta había sido! Creo que aquella fue la última vez que Amma dio *darshan* de *Krishna Bhava*.

CLASE DE COSTURA

Una tarde, cuando me encontraba en su habitación, Amma decidió coser un rato. Había una máquina de coser de pedal en la esquina y la sacamos un poco para que fuera más cómodo. Entonces Amma empezó a hacer los cambios que quería. Nunca había visto coser a Amma y el proceso me fascinó. Sacó unas cuantas faldas suyas del armario donde se guardaba la ropa. Los ágiles dedos de Amma empezaron a deshacer el dobladillo con el cortacosturas, tan rápido que era imposible ver lo que estaba haciendo. Agarró el resbaladizo tejido, lo puso en la máquina de coser sin alfileres que marcaran los ajustes y empezó. Amma podía coser costuras perfectamente rectas en un momento, sujetando la tela con la tensión adecuada e introduciéndola bajo la aguja mecánica mientras le daba al pedal para impulsar la máquina. Era una experta costurera, eso estaba claro.

Cuando terminó con las tres faldas, las dejó a un lado y me preguntó si me gustaba coser. Le dije que sí, pero que no se me daba bien. Me dio una aguja y un carrete de hilo y escogió una falda para que le hiciera el dobladillo. Lo hice lo mejor que pude, pero tardé como mínimo una hora en terminar el trabajo. Amma parecía no tener prisa y me miraba con atención. Mediante un traductor, me dijo que una aguja costaba solo unas cuantas *paisas* y que era un objeto insignificante; pero que si la dejábamos por ahí descuidadamente al acabar de coser, alguien podía pisarla. Y aquello podría crear un gran problema. Aunque algo parezca insignificante, siempre debemos tener cuidado y conciencia. De lo contrario, algo pequeño puede volverse algo grande. Amma me estaba enseñando el ABC de la espiritualidad, pero ¿era capaz de aprenderlo yo?

PEREGRINACIÓN AL ASHRAM DE KANVA

El bibliotecario del *ashram* en aquella época era un occidental que tenía relación con la persona que cuidaba el famoso *ashram* de Kanva, cerca de Varkkala, en el centro de Kerala. Amma propuso que todos los residentes del *ashram* fuéramos allí de peregrinación. Así que nos montamos en un autobús alquilado y salimos. ¡Mi primera peregrinación espiritual con Amma! Al llegar, repartieron las habitaciones: las chicas se quedarían con Amma y todos los demás en algún otro lugar. ¡Qué buena suerte, por una vez, ser chica! Después fuimos a cortar verduras y a ayudar en algunas tareas pequeñas.

Por la tarde, todos nos reunimos en el estanque del tirtham. Amma llevaba el pañuelo atado al cuello, con el pelo recogido en un moño en lo alto de la cabeza. El propio Señor Shiva: Amma siempre me causaba esa impresión cuando se vestía así. Completamente entrañable. Nos sentamos todos juntos en una bella y larga meditación. El ambiente era tan propicio que ni un mono podría resistirse a sumergirse en el silencio. Se repartieron unos tentempiés y leche con agua mientras seguíamos sentados en un estado de tranquilidad postmeditativa, sin necesidad de hablar. Amma habló un poco en un tono suave y comedido, pero no hubo traducción. Y en realidad no hacía falta, porque yo estaba encantada solo disfrutando del tono de voz de Amma y del suave brillo que la rodeaba mientras se acercaba el crepúsculo. Recuerdo que cantamos *bhajans* y después hubo una cena sencilla de *kanji*, antes de dar por concluida la velada. Una hora antes del amanecer, nos despertó el sonido de una campana para ir al *archana*. Amma estaba tumbada, pero no dormía. No pareció molestarla que saliera a las oraciones, aunque en cualquier caso fui tan silenciosa como un ratón.

Ese día transcurrió como el anterior, con muchas ocasiones de meditar, leer *Vedanta*, escribir en mi diario y ayudar con las

Kanva Ashram, Tirtham Pond

verduras y lavando cosas; pero por la tarde sucedió algo fantástico. Amma nos llamó a las chicas para ir a nadar. Seríamos nosotras tres y Amma. El lugar elegido para nuestro baño era un gran estanque de agua que no estaba muy lejos. En aquellos días no teníamos bañadores, así que usamos nuestras enaguas y nos las atamos por un lado por encima del hombro. Amma llevaba una combinación completa, lo que era mucho más cómodo. Entramos muy despacio para no mover el barro del fondo del estanque. Como era profundo, tuvimos que mantenernos a flote verticalmente y después nadar un poco, juntándonos unas a otras para dejarle a Amma mucho espacio y que pudiera hacer lo que más le relajaba, que era flotar en la postura del loto mirando el cielo. Al cabo de un rato, Amma nos dijo que nos diéramos la mano y nadásemos en círculo, lo que era verdaderamente difícil; pero quería que lo hiciéramos. No dejaba de repetir: "Mis tres cisnes, los tres cisnes blancos de Amma". Fue un hermoso momento de hermandad para mí.

Entonces, súbitamente Amma cambió de estado de ánimo y nos pidió que saliéramos del agua. Insistía realmente mucho, así que volvimos nadando a la orilla del estanque y salimos de él a trompicones. Lo que vimos cuando nos giramos para mirar el estanque nos estremeció. ¡Qué imagen! Había serpientes nadando en nuestra dirección, muchas. Un nido completo de ellas, parecía, viniendo a comerse a los cisnes de Amma. No nos lo podíamos creer. ¡Amma había vuelto a salvarnos!

PEREGRINACIÓN A KANYA KUMARI

Mi visado expiraba en un mes y me quedaba poco dinero, así que le escribí a mi abuelo preguntándole si podía enviarme algo de dinero. Siempre era generoso conmigo y una semana después llegaron trescientos dólares. Para entonces había cambiado de idea respecto al dinero. Realmente no me hacía falta. Mejor se lo daba a Amma para el *ashram*, para comprar ladrillos para la pequeña cueva de meditación que estaban construyendo justo detrás del *Kalari*. Sin embargo, cuando Amma se enteró de mi idea, propuso que todos hiciéramos otra peregrinación, esta vez con todos los residentes y devotos que pudieran caber en un autobús turístico grande. Destino: ¡Kanya Kumari!

Corrió la voz de la invitación de Amma y pocos días después nos subíamos a un autobús para viajar hacia el Sur. Se compró algo de comida para dar como tentempié durante el viaje, y en las cocinas de los devotos se hicieron paquetes de arroz con yogur y encurtido de mango. También llevamos ollas grandes para poder cocinar algo fácil en el viaje. Amma era muy práctica y conseguía que hasta las tareas más sencillas y mundanas fueran divertidas.

De camino por la costa, paramos para subir por un famoso sendero de colina que serpenteaba hasta un acantilado muy alto con vistas a toda la costa occidental del Mar Arábigo con sus aguas azul turquesa. Trepamos durante varias horas, subiendo a veces por enormes rocas, por un sendero muy pedregoso, empinado y lleno de matorrales secos, antes de llegar a la cima. ¡Amma fue descalza todo el camino! Algunos de los hombres llevaban grandes latas de galletas y tentempiés en la cabeza para repartirlos en la cima. No podía creer que fueran capaces de recorrer el sendero con esa carga; pero parecían sumamente felices de tener una tarea tan especial. Cuando llegamos a lo alto de los acantilados, la vista hizo que la subida mereciera la pena. Era espectacular ver tanta costa, el pintoresco valle de abajo y varios importantes templos que se distinguían claramente. Una de las características de este acantilado eran sus cuevas. Había una muy cerca del lugar por el que habíamos subido, con una pequeña puerta de madera cerrada por un gran candado. Yo estaba junto a Amma sujetando el abanico y la toalla para la cara, como de costumbre.

Entonces, Amma hizo un truco increíble. No sé si alguien más pudo verlo o estaba mirando cuando la mano de Amma se movió con rapidez y rozó el candado una fracción de segundo. Acto seguido, se volvió y le dijo a un devoto:

—Hijo, ¿puedes intentar abrir el candado?

Y cuando el devoto agarró el candado para intentarlo, este simplemente se abrió como si el habitante se hubiera olvidado de cerrarlo bien para asegurarlo. Me quedé alucinada con aquel movimiento. ¿Me lo había imaginado? Pero no mucho tiempo, porque Amma ya había entrado en la cueva y estaba sentándose para cantar un *bhajan* y hacer una meditación rápida. Alguien vivía en la cueva: era muy evidente por la ropa de cama, los libros de escrituras y un pequeño escritorio que había muy ordenado junto a un sencillo altar que, por su aspecto, debía de usarse para meditación y *puja*. De alguna manera todos pudimos caber dentro, aunque fuéramos en realidad demasiadas personas para un espacio tan reducido. Amma cantó "Mano Buddhyahamkara" y después se quedó sentada un rato en silencio, igual que todos los demás. Alguien le trajo a Amma algunas flores y agua; de dónde, no lo sé. ¿Quizá estuvieran ya en la cueva? Los monjes recitaron *mantras* y Amma bendijo el altar echándole pétalos y rociándolo con agua bendita. Y salimos de la cueva. Amma le pidió a uno de los devotos que se asegurara de que la puerta se quedara bien cerrada cuando nos marcháramos. Me habría encantado ver la cara del ocupante cuando al volver más tarde descubriera que alguien le había hecho una visita.

Al llegar a Kanya Kumari, Amma nos envió a algunos de nosotros en la barca inestable y que da bandazos hasta la roca donde Swami Vivekananda había nadado casi cien años antes. Allí es donde había tenido la visión de la Madre Divina, cuya huella en la roca todavía puede verse actualmente. Es aquí, al pie de la Madre India, donde se depositaron las cenizas de *Mahatma*

Gandhi entre muchos otros, en la confluencia de "los tres mares". Existe la firme creencia de que en la punta de la India la Madre Divina siempre estará presente de alguna manera, aunque a veces sea difícil de identificar. Una leyenda viva de esa época, Mayi Amma, vivía allí y se pensaba que era esa misma alma.

Mayi Amma era muy, muy mayor. Nadie sabía su edad exacta, ya que la descubrieron en las redes de pesca de los pescadores locales una tarde hace algunos años. La dieron por muerta; pero, cuando llevaron su cuerpo a la orilla, revivió, se levantó y se fue andando. Sus asistentes eran una manada de perros que siempre estaban vigilantes mientras ella mantenía encendido un fuego en la punta de la India durante horas y horas, día tras día. Rara vez hablaba, y vivía en la playa, en una casita de una sola habitación, aparentemente sin medios de subsistencia. Podía vérsela muchas veces nadando en las aguas turbulentas del mar hasta una roca alejada o tumbada a pleno sol durante horas.

Amma quería visitarla, así que todos anduvimos el corto camino hasta su choza. Justo antes de entrar, alguien me puso una cámara en la mano y me dijo: "Haz una foto". No tenía ningún talento especial para la fotografía, ni ningún deseo de hacer una foto; pero la petición fue tan insistente que entré y busqué el mejor lugar para sacar una foto. La habitación era sencilla y estaba limpia. Mayi Amma no era vieja, sino ancestral. Su piel tenía la tonalidad oscura del cuero arrugado. Estaba reposando en una silla con las piernas estiradas sobre unas tablas que hay unidas a un lado de esta clase de sillas con ese preciso fin. Llevaba un vestido de pescadora: una simple tela atada como una falda y la parte superior del cuerpo cubierta solo con un chal. Tenía el blanco cabello bien peinado, y encima de la cabeza llevaba un jazmín blanco. "¿Cómo se mantendrá ahí?", pensé para mí misma.

Amma se sentó en un catre junto a la silla de Mayi Amma. El ambiente era extraordinario, sublime. En silencio, todos nos

Amma con Mayi Amma

quedamos de pie repartidos por la habitación, seis u ocho de nosotros, embebiéndonos de la escena. Yo estaba paralizada en un lugar a la derecha de Mayi Amma, delante de Amma, con la incómoda cámara en la mano y la boca muy seca. ¿Cómo diablos iba a tener el valor de "sacar una foto" y perturbar la perfección del momento? Así que sencillamente me quedé allí quieta como una columna. Pasó un rato, y Amma estaba brillando con una pálida luz azul tenue y una sonrisa que nunca antes había visto. Un pensamiento perdido me pasó por la cabeza: "¿Quién demonios es esta anciana?" Y en el momento exacto en el que el pensamiento terminó, Mayi Amma se volvió y me miró directamente a los ojos. ¡Estaba claro que me había leído el pensamiento! La respiración se me atascó en la garganta mientras recibía su mirada. ¡Qué ojos tan increíblemente transparentes y bellos! Y en sus ojos, que eran de un incongruente azul oscuro, vi el mar. El mar inmenso, agitándose y moviéndose, y vivo en sus ojos. En ese momento el tiempo se detuvo y sentí que la bendición de su *darshan* me barría como una ola. Apartó la mirada después de lo que me pareció una eternidad, aunque probablemente solo se volviera a mirarme un momento. Entonces lo hice: saqué la foto sin ni siquiera pensarlo. No pareció importarle o darse cuenta. Después, saqué otra más de ella con Amma, mirándose.

LA CURACIÓN DE UN NIÑO

Para contar la historia de la poderosa sanación que recibí de Amma justo antes de mi partida, primero debo contar la historia de mi difícil infancia. Nací en Chicago de padres jóvenes. Mi madre había dejado la Universidad Northwestern para casarse con mi padre, su novio de la facultad, que era un popular alumno de los cursos superiores y jugador de fútbol. Nos mudamos a Washington DC poco después de que yo naciera para que mi padre pudiera trabajar como periodista en el Washington Post. Antes de que yo hubiera cumplido cuatro años, nos dejó a mi madre y a mí. Una noche, simplemente no volvió a casa. Mi madre tuvo que reorganizarse rápidamente porque no tenía apoyo familiar o económico en la zona de Washington. Volvimos a Pittsburgh para vivir con mis abuelos.

Era 1963 y el divorcio todavía se veía con desdén. Vivíamos en un barrio tranquilo de los alrededores, con unas seis familias en el vecindario inmediato. Familias tradicionales. Debió de ser difícil para mi madre encajar o hacer amigos, dadas nuestras circunstancias. Recuerdo un 4 de julio: todos los niños del vecindario habían adornado sus bicis para hacer un desfile del Día de la Independencia en nuestra calle y después un picnic del barrio. Me pasé toda la mañana preparando la bici; pero cuando llegó la hora de salir, no encontraba a mi madre en el grupo. Así que volví corriendo a casa de mis abuelos a recogerla. Me dijeron que no podía ir al desfile por alguna razón que no tenía sentido y volví corriendo sola y rezagada para alcanzar a los demás. Un año más tarde, me di cuenta de que mi madre no se sentía cómoda ni era bien recibida en ese grupo de familias. La nuestra era una familia "distinta", sin un papá. Y eso me hizo vulnerable.

Lo que me trae de nuevo a lo que quería contar. Los niños siempre jugaban en una zona arbolada que había detrás de la casa de mis abuelos o en el patio trasero de alguna de las familias. Era un barrio seguro. Todos se conocían. Detrás de la casa de una de las familias había una casita de juegos donde pasábamos muchos días y tardes divirtiéndonos. Aunque solo tenía cinco años, me dejaban salir a jugar siempre que volviera a casa a la hora de la cena.

Una tarde, cuando salí a jugar, todavía no había ningún otro niño. Quizás estuvieran todavía echando la siesta o en la ciudad con su familia. Al ir hacia la casita de juegos, vi a un par de chicos más mayores a los que no conocía. Me puse a jugar en la arena mientras esperaba a que los demás niños aparecieran. Chuckie K.

era un poco más pequeño que yo; su hermano Clifford era mayor. Entonces ya debía de ser un adolescente porque nunca jugaba con los niños. Ambos llegaron al patio trasero y Clifford se puso a hablar con los chicos mayores, que señalaban en mi dirección. Se acercaron y me dijeron que iban a jugar a la casita de juegos, que por qué no entraba con ellos. Y lo hice, desde luego: siempre jugábamos allí.

Pero aquello no era un juego. En cuanto entré, cerraron la puerta. Los dos chicos a los que no conocía también estaban. Se reían y se comportaban muy bruscamente, empujándose unos a otros. Uno de ellos empezó a darme órdenes. Me puse a llorar, pero me tiraron al suelo. Entonces, hicieron lo que nunca habría que hacerle a un niño. Estaba aterrorizada. Gritando y llorando. Después se fueron corriendo y me dejaron allí, sollozando. Conseguí volver a casa, pero hecha un desastre.

La señora de la limpieza de mi abuela, Mary Abloff, estaba planchando cuando entré en la casa. Me miró e inmediatamente supo que me había pasado algo. Me limpió, pero no dijo nada. Cuando mi abuela volvió de la ciudad, se enfadó porque había perdido el sombrero.

—¿Dónde está?

—No lo sé. Puede que en la casita de juegos— balbuceé.

—Ve a buscarlo. ¡Es nuevo! —dijo.

Me puse a llorar otra vez. La señora de la limpieza dijo que iría conmigo a buscar el sombrero. Me dio la mano y en silencio me llevó allí otra vez. El sombrero estaba en la casita de juegos, pero allí no había nadie. No dije nada, por lo traumatizada que estaba. Tardé años en poder recordar totalmente el suceso y en intentar asumirlo como adulta.

Le atribuyo a Amma la sanación final de mi corazón de ese ataque. Uno de los momentos más profundos que he vivido con Amma fue cuando ella me contó esa historia a mí. La cosa era que nunca le había contado a nadie ese episodio. Ni siquiera a mi propia madre.

Amma me había llamado para que me sentara con ella en el *Kalari* la tarde antes de que tuviera que volver a los Estados Unidos porque mi visado expiraba. Amma empezó diciendo que yo tenía un corazón inocente. También que cuando llegué era una soñadora y que en los últimos seis meses me había vuelto seria respecto a la espiritualidad. Que se alegraba de que quisiera volver a vivir en el *ashram*. Me darían una carta de patrocinio para que pudiera quedarme indefinidamente. Mi corazón estaba muy abierto a Amma; Amma me estaba dando todo lo que quería.

Entonces, de repente, Amma cambió de tema. Refiriéndose a los chicos que me habían hecho daño cuando era pequeña, Amma dijo que habían hecho algo que estaba muy mal y que habían sufrido por ello; pero dijo que, de alguna manera, había que perdonarlos. Que el pasado es un cheque anulado. De lo contrario, lo que ha sucedido en el pasado arruinaría nuestra mente, simplemente nos arrastraría y nos destrozaría. Al oír la traducción me quedé estupefacta. Asentí en señal de acuerdo porque sabía que lo que Amma decía era completamente cierto. En aquel momento también me di cuenta de que Amma lo sabe todo sobre nosotros; pero solo lo revela si es absolutamente necesario. Como en la sanación del leproso, a Amma no le interesa atribuirse el mérito de nada de lo que hace, ni de ninguno de los poderes que posee. No hay ni rastro de ego ni ningún interés personal cuando se trata de Amma, ni siquiera una nano-huella. Si hace algo, es por una buena razón, una razón cósmica. Ella es la pura gracia.

Me sostuvo en sus brazos un largo rato y me acarició la espalda con la mano. El vívido recuerdo que llevaba conmigo desde que tenía cinco años se repitió con fuerza en mi mente, como lo había hecho innumerables veces antes; pero por primera vez no me dejé llevar por el pánico. Las imágenes, los gritos y la vergüenza surgieron y se desvanecieron. Sabía que eran el *sankalpa* (intención divina) de Amma para que por fin fuera libre. Me relajé y me entregué a su abrazo, y dejé que me sanara. La pesadilla había terminado.

De nuevo, ¿quién puede hacer algo así? ¿Quién puede conceder la redención? ¿Quién puede "poner en orden" definitivamente los acontecimientos de nuestra vida y liberarnos? Como sucedió con el leproso, la manifestación de amor puro superó cualquier obstáculo biológico para la regeneración de los tejidos. Nosotros, los curiosos espectadores, somos los que nos quedamos maravillados. Amma no quiere atribuirse ni fama ni gloria. En el caso de mi abuso sexual, la pura gracia de la sanación se transmitió instantáneamente; pero el amor divino vino antes. Cualquier cosa que sea imposible se vuelve posible cuando sigue los pasos del Amor Divino. ¿Quién puede conseguir eso? Solo Dios, y lo digo sin dudarlo. Lo he visto demasiadas veces en la vida de Amma.

Una de las partes que más inspiran de la tradición espiritual india es la que admite que Dios se manifiesta en forma humana para dar consuelo y guiar a los que sufren y le llaman. Hay una palabra en sánscrito, *avatar*, solo para nombrar ese preciso fenómeno. ¿Por qué debe Dios quedarse relegado al cielo para gobernar la existencia humana desde un trono lejano? Me encanta la idea de Dios viniendo a la tierra y moviéndose entre nosotros en un cuerpo humano. Tiene sentido para mi corazón.

CAPÍTULO 3

Esperando con impaciencia

Aterrizar en San Francisco fue realmente duro. Un profundo impacto cultural, aunque solo hubieran pasado seis meses. Pero en esos meses extraordinarios todo había cambiado. Ahora, los Estados Unidos me parecía un país extranjero.

El Consulado indio de San Francisco aceptó mi solicitud de un visado de entrada; pero solo me respondieron con evasivas en cuanto al tiempo que tardarían en tenerlo. Se enviarían los papeles a Delhi y entonces tendrían que llegar a Kerala para ser comprobados. No, no podían decirme cuando habría alguna noticia. Y no, no querían quedarse con mi pasaporte; debía enviarlo de nuevo cuando el visado hubiera sido aprobado. No, por supuesto no compres todavía un billete de avión. Por favor, no nos llames; te llamaremos nosotros.

Volví a Nuevo México. En una semana había encontrado un piso barato y un trabajo de cocinera en un restaurante. Mientras creaba un bello altar para mis meditaciones y tiraba el colchón al suelo para dormir ahí, me llegó una oleada de Amma. Todo irá bien: esa era la sensación. Así que decidí sacar el máximo partido de mi tiempo allí. Amma me había dicho que estaría conmigo siempre: Lo mínimo que podía hacer era seguir con mi práctica lo mejor que pudiese.

Me ayudó recordar un episodio que había sucedido como una semana después de conocer a Amma. Me había enterado por las otras chicas que la iniciación en la práctica del *mantra* se llamaba *mantra diksha* y que la lleva a cabo el *Guru*. Yo ya no estaba segura de mi *mantra*, porque lo había recibido en el Río Colorado. Así que una mañana le pregunté a Amma si podía darme un *mantra*, sin mencionar que había recibido uno de segunda mano. Amma se rió entre dientes cuando le tradujeron mi petición y dijo:

—Pero tú ya has recibido un *mantra* de Amma, ¿no es así?

Amma era toda conciencia, todo el tiempo. Situaciones de esta clase sucedían todo el rato en torno a Amma, y en cierto momento parecía ridículo seguir diciendo: "¡Qué coincidencia!" Mejor aceptar la omnisciencia de Amma.

El recuerdo de este episodio y de otros parecidos mantuvo mi fe mientras esperaba que llegara el visado.

Tal como estaban las cosas, tenía que ganar dinero para la vuelta. Me apunté a cada turno extra que podía conseguir en el restaurante, realicé todos los cursos que me ofrecían para mejorar mis aptitudes y ganarme un aumento. Todos sabemos que cocinar en un restaurante implica muchas horas de trabajo duro por un salario muy bajo; pero al menos podía ganarse una cantidad bastante buena trabajando cuarenta o más horas por semana. Podría haber vuelto a una ciudad y conseguir un puesto de trabajo que estuviera más acorde con mi titulación; pero quería ser como el pájaro de la ramita, estar lista para volar en el momento en que el visado estuviera listo. No quería enredarme en la vida de ciudad y las exigencias de una carrera. Mi prioridad era ganar dinero suficiente para volver con Amma y, entretanto, esperar que llegara el momento oportuno en la naturaleza que abundaba en Nuevo México.

Por supuesto, les conté a todos mis amigos que había conocido a la Madre Divina y todas las cosas maravillosas que me habían pasado el año anterior. No me importaba lo que pensaran exactamente de mi experiencia. Ahora tenía lafe puesta en Amma y no dependía de las opiniones de los demás. En Taos (Nuevo México) hay un precioso templo de Hanuman que crearon Ram Das y los devotos de Nim Karoli Baba. Podía ir allí para estar acompañada por otros que seguían el camino del amor. Cantaban *kirtans* y recitaban el *Hanuman Chalisa*, y el templo se volvió un lugar donde podía relajarme y estar en paz. "¡Qué bonito sería que Amma tuviera un lugar así aquí en Estados Unidos!", pensé.

Llegó mi primer sueldo y ya había decidido qué hacer con él: Inmediatamente le dije al empleado del banco que hiciera un cheque por valor de mil ochodólares para la *M.A. Mission*. Fui a la oficina de correos, y allí escribí la dirección de Amma en el sobre con la mano un poco temblorosa. ¿Llegaría al *ashram* sin que lo robasen por el camino? Era casi todo lo que tenía en la cuenta. Era el precio de billete de vuelta de avión; pero había pagado la renta, tenía algo de comida en la despensa y estaba decidida a ofrecer mi primer sueldo. Poder ayudar al *ashram* en lo que más falta hiciera sería un consuelo mientras esperaba. Pagué un poco más para certificar la carta y la envié. Salí de la oficina de correos con el corazón lleno de alegría.

Una semana más tarde sucedió una cosa extrañísima. Yo misma recibí una carta certificada. De mi abuelo. Me decía que desde que había vuelto de la India había estado pensando en mí y que se le ocurrió que quizás podría serme útil algo de dinero para empezar de nuevo. Me adjuntaba un cheque de mil dólares.

Y así, el tiempo pasaba muy lentamente. Llamaba todos los meses al consulado indio y nunca había cambios en mi situación de "pendiente". Había apartado dinero para comprar el billete de avión y tenía más que suficiente para vivir. El secretario del *ashram* me escribió para decirme que había recibido mi regalo; pero añadía que Amma no quería que lo hiciera más. Quería que ahorrase dinero en una cuenta. Podía hacerme falta, dijo, ya que pronto volvería y, de ese modo, podría hacer frente a cualquier gasto imprevisto. Teniendo en cuenta los exiguos recursos que el *ashram* tenía, me llegaba al corazón que Amma se preocupara por mi bienestar, sola en los Estados Unidos, lejos de mi familia. Sin duda, no le interesaba el dinero, eso estaba claro. Así que abrí una cuenta de ahorros para lo que me sobraba del sueldo.

Habían pasado seis meses y mi impaciencia aumentaba. Mi *sadhana* no podía compararse con estar en presencia de Amma y podía sentir que el mundo me agotaba. Tuve muchos sueños especiales con Amma: uno dándole un masaje en los pies, otro recibiendo un largo abrazo de *darshan*, nadando juntas en un río... pero no bastaba. Sentía una triste añoranza en el corazón.

Entonces, Amma me escribió. Me animaba a volver, aunque fuera con un visado de turista. En el paquete enviaba una de sus toallas de lino para la cara. Me trajo el recuerdo de cuando yo le llevaba la toalla para la cara. Empecé a sopesar la posibilidad de lo que significaría retirar mi solicitud de visado a largo plazo, que llevaba meses esperando. El consulado indio no permitía hacer ambas cosas: si se pedía un visado de turista, ese era el final del otro papeleo. Dudé. Amma lo había dicho muy claramente; pero la idea de tener que volver a Estados Unidos después de otra "visita" de seis meses me parecía demasiado insoportable. Mientras le estaba dando vueltas a la decisión, sucedió algo que lo dejó todo perfectamente claro.

SALSA MORADA DE CIRUELA

Una tarde, en el restaurante, estaba preparando una salsa de ciruela para la cena. La salsa estaba hecha de fruta fresca y tenía que cocerse más de una hora hasta que espesase. Después, la salsa, de un morado brillante, se vertía en un robot de cocina para dejarla completamente suave. Mientras hacía ese paso, la tapa del robot salió volando y la salsa hirviendo me cayó en la cara. Me caí al suelo por el impacto de la salsa hirviendo y mis compañeros se movieron rápidamentepara ayudarme. Me miraron una sola vez y supieronque la cosa tenía mala pinta. Me pusieron una bolsa grande de hielo en la cara. Llamaron a una ambulancia y me llevaron al hospital inmediatamente. Cuando llegamos a la sala de urgencias, yo había entrado en shock. Un compañero se había venido conmigo de acompañante, afortunadamente, porque ni siquiera podía hablar bien. El dolor era atroz. Le contó al médico de la sala de urgencias lo que había sucedido mientras levantaban con cuidado la bolsa de hielo. Por la forma en la que me miraba mis amigo y la expresión de seriedad del doctor, supe que era grave. Pidieron morfina y me llevaron en camilla a una sala de examen. Se llamó a un especialista. Después de examinarme, el médico me dijo que tenía quemaduras de tercer grado en una gran parte de la cara; pero que la salsa hirviendo se había detenido milagrosamente poco antes de llegar a los ojos y no había peligro para la visión. Dijo que me recuperaría perfectamente, pero que muy probablemente necesitaría cirugía plástica y que había un riesgo real de infección. Así que toda esa semana había que tratar la quemadura meticulosamente para evitar cualquier complicación. Dijo que me vería siete días después y me envió a casa.

Este giro de los acontecimientos me dejó aturdida. ¡Qué valioso es cada momento de la vida, cada momento de salud! ¡Cuántas cosas había dado por supuestas! Intentar decidir si pedía o no un visado de turista me parecía un lujo ahora. Mis esperanzas se habían hecho pedazos. Apreté los dientes para no llorar. Las lágrimas no beneficiarían a la quemadura y tenía que tener fuerza de espíritu pasase lo que pasase. Podía haber sido peor, me recordé a mí misma: mi omnisciente Amma podría no haberme enviado la toalla para la cara antes del accidente.

Cuando llegué a casa, me quité la gasa con cuidado. Negándome a mirarme al espejo, me puse la bella e impecable toalla de Amma para la cara sobre el quemado rostro. Me apoyé en unas almohadas y me quedé dormida con el *mantra* de Amma en los labios y una intensa oración pidiendo auxilio en el corazón. Esa semana pasó volando. El médico me había dado una crema especial para quemaduras, pero era horrible aplicárrsela en las heridas. De hecho, me resultaba difícil usarla porque era demasiado espesa y extenderla en la quemadura resultabaa terriblemente doloroso. Así que seguí con la suave toalla de cara. Y esperé mi cita de revisión. Estaba decidida a permanecer firme durante todo el proceso. Para lograrlo, pensaba lo menos posible, recitaba mi *mantra* constantemente y no me miraba en el espejo.

LA VIDA AL GALOPE

En ese momento, la vida se disparó como un caballo volviendo al galope al atardecer al establo. La cita con el médico empezó con la pregunta de si era o no la misma persona que había visto en la sala de urgencias una semana antes. Sin entender por qué me hacía esa pregunta y asintiendo con la cabeza, el médico se sentó y acercó su silla para examinarme la cara. "¿Cómo es posible? Nunca he visto una recuperación así. ¿Qué has hecho?" No pude explicarle muy bien la situación exacta; pero le dije que la crema me resultaba muy difícil de usar y que había mantenido la herida limpia siguiendo sus instrucciones. Todo lo que había hecho era dejar la quemadura al aire libre con una tela de lino suavemente colocada por encima para protegerla. Me miró completamente incrédulo, pero, ¿qué podía decir? Concluyó el examen y me explicó que en el futuro la piel de esa zona siempre sería sensible al sol. También, que con el tiempo la zona podría quedar enrojecida, porque todos los vasos capilares se regenerarían en la edad adulta, no desde el nacimiento, y por tanto se verían más. Me dijo que era una joven con mucha suerte. La verdad es que él no tenía ni idea de lo bendecida que realmente estaba.

Estaba decidido: al volver a mi piso, llamé al consulado indio. Me bastaba con un visado de turista. No podía esperar más. Después de un tiempo interminable en espera, el empleado se puso de nuevo al teléfono y parecía un poco confuso. ¿Por qué le estaba pidiendo un visado de turista si mi visado de larga duración había sido aprobado unos días antes? ¿Es que no quería enviar el pasaporte? Agarré la silla para sentarme, porque estaba un poco mareada. Y así fue cómo volví con Amma.

CAPÍTULO 4

¡Zambullida!

Alegría: una palabra lo dice todo. Cuando volví al *ashram* todo parecía estar en el sitio adecuado. Parte de la razón era que el accidente había aumentado mi determinación interior. Me ayudó a ver lo fugaz que es la vida, lo efímera que es. Vi claramente que ese momento con Amma era todo lo que tenía. Mi visado de entrada de "larga duración" era solo para un año y, aunque podía prorrogarse, ese tiempo me parecía valioso y tenía intención de aprovecharlo al máximo.

Le ofrecí a Amma todo el dinero que había ahorrado con el trabajo, que era una suma considerable. Lo rechazó, insistiendo en que abriera una cuenta de ahorros en Vallikkavu, la pequeña aldea que está al otro lado de la ría. Tras resistirme un poco, accedí; pero con la salvedad de que si al *ashram* realmente le hacía falta algo yo quería ayudar. Mi habitación estaría en la fila de chozas hechas de cocotero que estaban en la esquina noroeste del *Kalari*. La variedad local de esas chozas es una estructura rectangular hecha con esteras de hojas de cocotero tejidas y unidas entre sí con un cordel grueso. La estructura de la choza a la que se atan las esteras tejidas es de bambú. Vivir en una de esas chozas había sido uno de mis mayores sueños, que nunca había contado. Hasta ese momento, me había quedado en una habitación de la casa de la familia de Amma. Otro cambio que Amma hizo fue ajustar mi programa diario para que fuera más equilibrado. En lugar de ocho horas de meditación y tres horas de *seva*, esas proporciones se invirtieron.

ARAÑAS Y SERPIENTES

En la choza no había ventilador y solo era lo bastante grande para extender dos esterillas de paja. ¡Era el paraíso! En aquellos días, el *ashram* estaba rodeado de rías por tres partes y esta hilera de chozas estaba situada a orillas de la laguna occidental. Al mirar por la ventana, podía ver familias de patos chapoteando, personas en barcas, serpientes de agua, tortugas y ranas. A menudo veía serpientes deslizándose a través del techo de la cabaña; sin embargo, sentía que aquella era su casa tanto como la mía. Así de cerca me sentía de la naturaleza viviendo en esa choza. No me molestaban, de modo que ¿por qué iba a impedirles ir donde quisieran?

Una noche volví a la choza muy tarde. El *archana* empezaría en pocas horas y quería dormir al menos un rato. Al mirar hacia la pared de atrás, que también estaba hecha de esteras de cocotero, me di cuenta de que había una araña saltadora grande y venenosa. Era difícil de ver porque se camuflaba perfectamente en las esterillas de coco. Entonces, vi que había dos. No... en realidad había tres. Mejor cuatro... cinco... Dejé de contar. Decidí dormirme. Me temía que si intentaba golpearlas con algo, todas ellas saltaran sobre mí. Y eran muchas más que yo. Pensar más en ello solo me generaría ansiedad. Seguramente había estado durmiendo allí con ellas tranquilamente todas esas semanas, solo que nunca antes las había visto. Si mi destino era ser mordida y matada por arañas saltadoras venenosas, intentar matarlas solo adelantaría mi fallecimiento. O iba a suceder o no iba a suceder. Así que lo mejor sería dormir un poco.

Dormí sin problema, sabiendo que Amma me cuidaba. Al echar la vista atrás, me asombro de la entrega que sentía en esos primeros días. Naturalmente, Amma no nos diría que nos quedáramos en una situación que pudiera ser dañina si viéramos claramente que estábamos en peligro. Después de todo, es Dios quien nos da la capacidad de ver el peligro y el discernimiento necesario para evitarlo; pero, con mi fe inocente, sentía que Amma cuidaría de todo. Y lo hizo. Me levanté a la mañana siguiente justo a tiempo para el *archana*. Más tarde ese día, cuando les conté a mis hermanas espirituales lo de las arañas de la choza, me ayudaron a sacarlas de allí. Puedo decir que no sabían si reírse de mi insensatez o quedarse impresionadas por mi fe. Finalmente, se decidieron por ambas cosas.

LA COCINERA DEL ASHRAM

A los pocos días de mi llegada, Amma me pidió que fuera la cocinera del *ashram*. "¡Qué honor tan increíble!", pensé. "Ha debido de costarme diez mil vidas conseguir esa *seva*". Una joven india que se había incorporado al *ashram* también ayudaría. La cocina estaba en la casa de la familia y la comida se preparaba sobre fuegos abiertos que se encendían en encimeras anchas y profundas con chimeneas empotradas. Los cacharros de cocina estaban colocados en bloques de piedra que podían ajustarse con cuidado según el tamaño de la olla. En mi primer día, Damayanti Amma, la madre de Amma, vino a enseñarme a encender adecuadamente el fuego. Empezó mostrándome una sencilla *puja* en la que se ofrecía a las llamas el primer trozo de coco blanco natural que había cortado, con una oración y el ritual de rociar agua. Era realmente estricta. Me enseñó a barrer nada más llegar por la mañana antes de amanecer. A fregar el suelo de la cocina a mano. Había que guardar los cacharros de una determinada manera. Mantener el agua limpia. Los palos de revolver, muy cuidados. Como no hablaba inglés, estoy segura de que mi sesión de entrenamiento hubiera sido una escena muy entretenida si alguien hubiera estado mirando.

Y así, mi día empezaba con el *archana* a las cuatro y media de la mañana y después iba a la cocina antes de las seis. En los días de *Bhava Darshan*, la hora habitual de apagar las luces eran las dos de la madrugada o más tarde, raramente a medianoche. El té y el café estaban estrictamente excluidos. Dos veces al día se servía leche hervida diluida en agua, a partes iguales, con una generosa ración de azúcar. Si me llamaban para que fuera a la habitación de Amma a ayudar, significaba que solo dormiría unas pocas horas. Y Amma nunca "dormía" realmente, sino que más bien dejaba reposar el cuerpo. Siempre estaba presente y alerta, incluso mientras descansaba. Una noche, Amma nos despertó para decirnos que una familia había cruzado la ría y no podía encontrar el camino de vuelta en la oscuridad. Así que debíamos ayudarles a conseguir una habitación donde quedarse. Y claro que estaban allí, vagando sin rumbo por el sendero, mirando para acá y para allá, sin tener ni idea de cómo llegar al *"ashram"* de Amma; que no era en realidad mucho más que la casa de su familia y el terreno que la rodeaba.

Pero estoy divagando. Al llegar a la cocina antes del amanecer, la jornada empezaba con una limpieza rápida, una breve *puja*, y un momento dedicado a centrarme y encender el fuego. Repartir el arroz. Separar el grano de la cáscara en una cesta grande de aventar. Lavarlo con cuidado para que no se perdiera ni un grano. No podía pasarse por alto ni un solo grano: eso sería un pecado que traería mala suerte. Cuando el arroz empezaba a hervir, había que añadir agua caliente del recipiente que había al lado, y no agua fría, que causaría reumatismo.

Si había algún coco, había que cortarlo en tiras en el taburete que se utilizaba para ese fin: un estrecho taburete con una afilada punta sobresalía de su extremo superior. Recordando un poco mis días de lechera, la fuerza de los antebrazos era el factor decisivo para acabar de cortar en tiras diez cocos rápidamente.

Se hacía desayuno para unos veinticinco residentes. El almuerzo se daba en algún momento alrededor del mediodía. Se contaba con unas cincuenta personas. La cena de las noches de

Bhava Darshan era para cientos de personas y se preparaba en ollas que eran lo bastante grandes como para poder tumbarse dentro. Después de terminar de servir la comida, había un descanso hasta que empezábamos a preparar la cena. A menudo, la cena del *Bhava Darshan* acababa con todo lo que había en la despensa y, entonces, a los residentes no les quedaba más que *kanji*, sin curry, para desayunar y cenar hasta que pudiésemos comprar más suministros. A veces eso sucedía días más tarde.

El almuerzo consistía siempre en arroz, un curry de verduras y un cucharón de *sambar, rasam, poullishetti* o *paddapu dahl*. Ninguno de ellos llevaba coco. Aunque crecía por todas partes a nuestro alrededor, era demasiado caro. El curry de verduras se repartía cuidadosamente. Muchas mañanas, recogía *chira*, una espinaca salvaje que crecía alrededor de la casa de la familia de Amma. Se tardaba muchísimo en cortar bastante para servirla como plato para una comida. El *chembu*, o raíz de pie de elefante, era otro alimento básico: una verdura barata de tierra que requería que nos untásemos las manos con abundante aceite antes de cortarla cruda porque, de otro modo, la piel se irritaba. Muy nutritivo, naturalmente, pero no muy alabado por su sabor. Mojicón, moringa, melón amargo: no podíamos permitírnoslos nunca. Hasta las patatas eran un lujo. Mi experiencia cocinando en el *ashram* era el polo opuesto de mi experiencia de cocinar en un restaurante de Nuevo México. Servir a los demás sin esperar nada a cambio me daba energía. Trabajábamos en silencio, recitando nuestros *mantras*, esforzándonos en seguir las instrucciones de Amma al pie de la letra.

Algunas veces, los devotos traían sacos de *chini* recién recogido, la deliciosa variedad local de la raíz de tapioca. Esa era una comida especial para preparar. A menudo, Amma venía a ayudar a cortarla, como hace todavía algunas veces los martes en el templo de Kali. Nuestros sostenes principales eran los plátanos verdes de cocinar, pepinos enormes, otras clases de raíces locales, repollo y zanahorias. Una cebolla era un exceso. Ajo, ni mencionarlo. Sal, por supuesto. Pimienta negra, semillas de comino, chiles rojos secos con moderación, una pizca de asafétida, pasta fresca de tamarindo, jengibre, hojas frescas de curry, semillas de cilantro, semillas de mostaza y uno o dos chiles verdes era todo lo que usábamos como especias y condimentos. En días alternos, el adorable hermano pequeño de Amma, Kocchupapa, que ahora es Sudhir Kumar, asomaba la cabeza por la puerta trasera de la cocina para ver si hacían falta víveres. Si era así, iba al mercado de verduras que había a cierta distancia para conseguir lo que necesitáramos.

Fue una época increíble en la que aprendí a preparar debidamente docenas de platos distintos, a convertir una comida para cincuenta personas en una comida para cien, recibiendo todas las instrucciones en un idioma que no entendía.

El único aparato eléctrico con que contábamos era una piedra de moler. Cuando podíamos tener un plato de curry de coco, el coco recién rayado se ponía en el hueco de la piedra circular . La mano del mortero se colocaba de manera que formase un ángulo con el mortero y fijada en su sitio. Después, se encendía el motor, que hacía dar vueltas al coco con el jengibre fresco y las demás especias, dependiendo del plato. Podía moler todo hasta conseguir una pasta espesa en media hora o una pasta fina en cuarenta y cinco minutos.

A menudo aparecía el control de calidad: era Amma. Llegaba sin anunciarse y metía el dedo en la pasta para probarla mientras el mortero seguía dando vueltas. Si había puesto incluso una minúscula chalota, que es una diminuta cebolla púrpura, Amma se daba cuenta. Un diente o dos de ajo, olvídate. Amma podía decir qué se había puesto en la picadora en un nanosegundo. Al menos, había aprendido a recitar continuamente mi *mantra* mientras cocinaba y para Amma ese era el ingrediente más importante.

Los fuegos de la cocinan era un reto por varias razones; pero la principal era encontrar suficiente combustible seco que quemar. El nervio de la hoja de cocotero se volvió uno de mis mejores amigos, aunque tenía que secarse completamente para poder arder. Amontonaba todo lo que encontraba y lo dejaba secarse. La estación del monzón era un reto especial. Nunca comprábamos leña fuera: demasiado cara. Una vez, se cayó un árbol viejo de madera dura y un hombre vino a cortarlo para sacar leña. Sentí que era un regalo caído del cielo. Todo el tiempo libre que tenía lo pasaba buscando trozos de corteza seca de cocotero, ramitas, hojas de cocotero… Cualquier madera, mojada o seca, se recogía y se ponía en la pila de la leña.

Damayanti Amma era de enorme ayuda para que siempre hubiera leña. Siempre me avisaba si había visto algo tirado por ahí. Se dedicaba con toda el alma a asegurarse de que todos los residentes hubieran comido a su hora, y eso significaba asegurarse de que la cocinera tuviera suficiente combustible seco. Damayanti Amma siempre se mostraba amable conmigo; aunque puedo imaginarme que tuvo que hacer un esfuerzo para acostumbrarse a tenerme en la cocina. Ahora que la familia de Amma entendía la misión de Amma en el mundo, era increíble lo que hacía para cuidar del *ashram* en ciernes. La familia estaba dispuesta a hacer lo que fuera necesario por los devotos de Amma, aunque ello significase trabajar hombro con hombro con alguien que había llegado del otro extremo del mundo y que no sabía nada.

El segundo reto con los fuegos era el calor. Todo mi cuerpo parecía reaccionar al fuerte calor que desprendían los fuegos de la diminuta cocina. El calor hizo que me salieron ampollas en todas partes, especialmente en la cara. Además, cuando el arroz estaba cocido, había que echar el *kanji vellam* (agua de arroz) en un recipiente más pequeño. Eso significaba inclinar la olla del arroz con el ángulo justo manteniéndola posada en los bloques que había sobre el fuego. ¡Imaginad la dificultad de verter cuarenta litros de agua de arroz recién hecha a un recipiente situado en el suelo! No podías fallar, porque sería un desastre. Ver lo que el cuerpo de Amma sufría para reconfortar a los devotos me hacía no querer mencionar las ampollas y los forúnculos causados por el calor. Pero un día sucedió algo que me obligó a enseñarle a Amma lo que me pasaba.

PICADURAS DE BICHOS

Siempre había sido muy cuidadosa para no matar a ningún ser vivo en el *ashram*, aunque fuera un insecto o una araña; pero Damayanti Amma me mostró una cosa que había que eliminar de la cocina si la veía: el ciempiés venenoso. Era plano, de color marrón brillante y medía entre siete y doce centímetros. Me dijo que eran realmente malos y que tenía que estar atenta en los fregaderos y la pila de la leña. Me dijo que eran muy agresivos y rápidos, que te subían por la pierna y te picaban en un momento. Muy venenosos y dolorosos. Así que rebajé mis niveles de no violencia: si veía alguno, era su final. Quizás maté dos o tres en seis meses. Siempre me sentía mal por ello; pero justificaba mis acciones sabiendo que era por mi seguridad y la de los demás, que también era importante. Una noche, mientras dormía en la choza, me desperté con un sobresalto, con una sensación de picor en el brazo, cerca de la axila. El pellizco cesó y ya estaba volviendo a quedarme dormida cuando otro pellizco aún más fuerte me despertó completamente. Llevaba un *choli*, la blusa que se lleva debajo del sari, y me puse la mano derecha en el lugar desde donde el dolor había empezado a extenderse. Y entonces supe exactamente lo que estaba sucediendo: bajo la manga de la camisa, apretado entre los dedos, podía sentir que algo se movía: un ciempiés. ¡Ostras! En un momento, me había quitado la blusa y, efectivamente, ahí estaba la maldita cosa. Cayó al suelo y empezó a correr hacia el borde de la choza. Le di un golpe con un abanico que había cerca, partiéndolo en dos. Y juro que salió corriendo en dos direcciones distintas. El verdugón inflamado del brazo ya se estaba extendiendo y sentía que el dolor irradiaba por el brazo y el cuello. Me puse la blusa y un medio sari para salir a pedir ayuda. Había residentes descansando junto al *Kalari* porque les habían dejado sus habitaciones a los devotos cuando terminó el *Bhava Darshan* unas horas antes. Les desperté porque no sabía qué hacer y no quería molestar a Amma sin motivo. Les conté lo que había pasado y les pedí que me orientaran; pero todos pensaban que los ciempiés no eran demasiado venenosos y que todo iría bien. Dijeron que por la mañana veríamos lo mala que había sido la picadura. Me dieron un poco de *bhasmam* bendecido por Amma para ponérmelo en la picadura, lo que la calmó considerablemente. Fueron amables y pacientes conmigo, aunque les había despertado.

Tenían razón: por la mañana, la picadura parecía estar bien. Un verdugón duro y doloroso donde había inoculado el veneno; pero, aparte de eso, no mucho más. Como soy alérgica a las picaduras de abejorro, conozco las malas reacciones a las picaduras de insectos, y esa no era una de ellas. Así que fui a la cocina a encender los fuegos. Llevaba más o menos una hora cocinando y ya se me había olvidado lo de la picadura, cuando de repente me dio un subidón de adrenalina. Fue como si alguien hubiera prendido fuego a mi sistema circulatorio. Aturdida, me senté en el suelo. La joven india que me ayudaba en la cocina supo que me pasaba algo grave. Dejó el cucharón y me cogió de la mano para llevarme con Amma. Amma me examinó y vio dos cosas: ronchas que salían por todas partes y un fondo de ampollas causadas por el calor. Le contaron lo que había pasado la noche anterior con la picadura del ciempiés. El calor del fuego había activado el veneno e intensificado mi reacción al mismo, dijo Amma. Llamó a

Damayanti Amma para que me llevara de inmediato al médico. Le rezaba a Amma para que mis vías respiratorias no se hincharan y se cerrasen mientras iba de camino.

En aquellos días era bastante difícil ir al médico. Salimos deprisa, cruzamos la ría en barca, caminamos una cuadra por un camino de tierra y giramos a la derecha al llegar a los arrozales, que en aquellos días estaban rodeados de canales que se entrecruzaban por todas partes. Era mediodía. El sol pegaba fuerte mientras cruzábamos la separación entre dos arrozales. Estaba empezando a marearme; pero el miedo a caerme al arrozal me mantuvo alerta. De algún modo, me tambaleé por los campos hasta llegar a la casa del médico unos veinte minutos más tarde.

El doctor era mayor y tenía aspecto inteligente, con una cara amable y redonda. Por supuesto, no sabía cómo se decía "picadura de ciempiés venenoso" en malayalam; pero bastó dibujarlo en la arena con un palo. Él y Damayanti Amma empezaron a asentir inmediatamente con la cabeza al reconocer el dibujo.. El médico se metió en la casa y salió un momento más tarde con tres bolitas de color amarillo parduzco del tamaño de canicas en la palma de una mano y un vaso de agua en la otra. Me indicó que me tragara una de las bolitas y que bebiera agua. Y así lo hice. Tenía un sabor fresco y aromático, picante en realidad, y un poco amargo. Le dio las otras dos bolitas a Damayanti Amma y no aceptó ningún pago. Me pidió que descansara en el sillón de su porche un rato antes de irme, y, agradecida, me dejé caer en él. Damayanti Amma se relajó cerca para descansar también del calor antes de volver andando a casa.

Para mí, el final de la historia se produjo más de veinte años después. En el 2009, en una sesión de preguntas y respuestas de los martes, Amma estaba recordando los primeros días del *ashram*. Aunque nunca le había contado a Amma lo de mis ampollas causadas por el calor, ella mencionó que a la cocinera del *ashram* le habían salido muchísimas ampollas por el calor de los fuegos, pero que nunca se había quejado. Si alguna vez llegamos a pensar que Amma no se da cuenta de alguna cosa, o que puede olvidársele veinte años más tarde, estamos muy equivocados.

FLASH INFORMATIVO DEL PASADO

Todavía más recientemente, más de veinticinco años después de mis días de cocinera del *ashram*, uno de los primeros residentes seglares indios me detuvo cuando pasaba por delante del templo de Kali. Pappettan Acchan quería mostrarme una circular en malayalam que se había publicado con el nombre de "Divya Upadesham" y que había encontrado entre un montón de papeles de los que se dan gratuitamente. Estaba leyendo en él un artículo en el que se mencionaba a la cocinera del *ashram* de los primeros días. Justo estaba recordando que esa era yo cuando me vio pasar. Y, por supuesto, quería contarme lo que había escrito:

Corría el año 1986 y Amma estaba haciendo un programa fuera del *ashram*, en el cercano pueblo de Alleppy. Amma preveía llegar a comer al *ashram* con todos los residentes cuando el programa hubiera terminado; pero a mí me había pedido que me adelantara y volviera pronto al *ashram* para cocinar para el día. Sin embargo, cuando llegué ya habían cocinado. ¿Por qué iba a decirme Amma que volviese a cocinar si no hacía falta? Decidí empezar y encender el fuego. En el artículo, se dice que muchas personas empezaron a criticarme y que muchos me cuestionaron, diciendo que se malgastaría comida y habría que tirarla, que ya se había contado el número de personas que irían a comer y eran pocas; pero quería obedecer a Amma. Si al final había demasiada comida, se serviría por la noche. Amma no me habría enviado de vuelta sin motivo.

Y sucedió que cuando Amma volvió, también llegaron a verla muchos invitados "inesperados". Y hubo bastante comida para todos gracias a las instrucciones de Amma. A primera vista, puede que las palabras de Amma no tuvieran sentido; pero la profundidad de su visión es infalible. En el artículo *"Divya Upadesha"*, Amma señalaba que el discípulo debe obedecer de todo corazón las palabras del *Guru* sabiendo que contienen la Verdad, aunque otras personas puedan criticarlas. Todavía no he visto ni una sola vez hablar a Amma en vano o que sus palabras no tengan consecuencias. Cuando un Maestro Iluminado habla, es la verdad.

Mientras estaba en los Estados Unidos esperando a que llegara mi nuevo visado, otra occidental se había incorporado al *ashram*. Era de los Países Bajos y tenía más o menos mi edad. Hicimos buenas migas enseguida. Todo el mundo la adoraba y había muchas risas cuando ella estaba cerca. Sucedió que hacía falta una sustituta en la cocina porque la chica india no podía seguir. Cuando se sugirió que la chica holandesa fuera la ayudante, Amma expresó sus dudas de que la cocina fuera a funcionar bien con dos personas que no estaban muy familiarizadas con la cocina india; pero no había otra alternativa, así que empezamos. Al principio, todo iba bien. Nos encantaba lo que hacíamos, aunque no supiéramos exactamente lo que nos traíamos entre manos. Recuerdo una noche que sobró mucho arroz de la comida y se nos ocurrió la idea de hacer una especie de tortitas parecidas a las tortitas de patata. En ese momento, parecía una buena idea; pero, por más que lo intentamos, no pudimos lograr que las tortillas dejaran de romperse sobre la plancha; pero, ¡y lo bien que se hubieran sentido los residentes del *ashram* cenando tortitas de arroz si la idea hubiese funcionado! Afortunadamente, de alguna forma nos dio tiempo a cambiar el menú de la cena y acabamos de cocinar antes de que los *bhajans* hubieran terminado, y nadie pasó hambre.

CONSTRUYENDO EL TEMPLO DE KALI

Una mañana, un grupo de nosotros estábamos reunidos frente a la sala de meditación antes de que diera comienzo la clase de las *Upanishad*. La gran noticia era que se iban a cortar cocoteros para hacer sitio para una nueva sala de oración en el patio delantero. Algunos expresaron tristeza por los árboles, pero Amma no la sentía. Los árboles estaban siendo sacrificados por un bien mayor. En aquel momento, pocas personas podían meditar en ese lugar; pero aquello se convertiría en un lugar donde muchas personas lograrían la iluminación y llevarían paz al mundo. Nuestro apego a los árboles era comprensible; pero debíamos reconocer el sacrificio más profundo que habría que hacer por el bien del mundo.

Una vez que se hubo limpiado el patio, el astrólogo eligió cuidadosamente el día que fuera más favorable. Amma dirigió una poderosa ceremonia de consagración de la piedra fundamental que se puso en la tierra. La excavación de los cimientos empezó de inmediato y los materiales empezaron a llegar al poco tiempo. El acero para los pilares de hormigón, la roca de granito que se partiría en trozos pequeños para mezclarla con el hormigón y sacos y sacos de cemento que se apilaban junto al lugar marcado que delimitaba el perímetro del edificio. La dimensión y la urgencia del proyecto eran un poco desconcertantes, porque en el *ashram* solo vivíamos unas veinte personas; pero Amma insistía en que no teníamos ni idea de cuántos hijos llegarían y que debíamos preparar el lugar para que pudieran quedarse.

Así que transportamos la arena. Toneladas y toneladas de arena, noche tras noche, en ollas que llevábamos sobre la cabeza por las estrechas pasarelas que atravesaban la laguna hasta llegar a la costa. La arena se comprimía para llenar los huecos de la base de los cimientos del futuro templo de Kali. Era un trabajo duro y maravilloso, que hacíamos recitando el *mantra* para sacarlo adelante. A altas horas de la noche, Amma preparaba bebidas calientes y nos repartía cualquier tentempié que pudiese haber en la despensa antes de que nos fuéramos a dormir un poco.

A veces se trabajaba con el hormigón en los días de *Bhava Darshan*. Entonces podía verse a todos los devotos que habían llegado con sus mejores galas unirse con entusiasmo a la fila para que los *chutties* (sartenes de acero de estilo chino) llenos de cemento pudieran transportase fácilmente de la hormigonera al lugar donde se estaban construyendo las columnas de sostén. Cada persona estaba cerca de la siguiente para poder pasar la sartén llena de cemento a su vecino. A veces eso implicaba pasar los *chutties*, uno a uno, al segundo o tercer piso a los jóvenes que estaban en las plataformas. Todo el mundo estaba muy concentrado para no derramar el cemento sobre la persona que tenía debajo. Los días en que se trabajaba con el cemento había un buen ambiente y trabajo en equipo, y muchas personas hambrientas a la hora de la comida. Así se levantó el templo de Kali sobre el terreno en el que Amma había bailado en *Kali Bhava*. Ahora podía vérsela echando *chutties* de cemento con los devotos que asistirían al *Devi Bhava* en los años venideros en el templo que la propia Kali había construido. Una vez más, la activa presencia de Amma en el lugar hacía que el trabajo fuera divertido y factible. En presencia de Amma, trabajar juntos en un proyecto enorme no requería esfuerzo. Aunque la construcción se retrasó algún tiempo en 1987, porque Amma desvió recursos y voluntarios para ocuparse de la gestión de un orfanato local de quinientos niños que estaba en bancarrota, sorprendentemente el templo se terminó a tiempo para las celebraciones del trigésimo cuarto cumpleaños de Amma, en octubre de 1987, poco más de un año después de iniciarse su construcción.

PROGRAMAS FUERA DEL ASHRAM

Fue en esta época cuando los pueblos y aldeas de los alrededores empezaron a invitar a Amma a realizar programas. Kollam, Alleppy, Mavelikara, Harippad, Tiruvella, Kottayam y Pandalam fueron algunos de los lugares que recuerdo. Se donó al *ashram* un pequeño minibús de color oscuro que a un lado llevaba pintado en letras blancas "Mata Amritanandamayi Mission". Había seis asientos a cada lado del pasillo central en cada uno de los cuales podían sentarse cómodamente dos personas, o tres si se apretaban. Todo el *ashram* cabía en el mini bus, y Amma se sentaba en el penúltimo asiento del lado derecho. Yo me acurrucaba entre las dos plazas del asiento para dejarle un poco más de espacio a Amma, que se había dado tanto esa noche a los devotos, y me encontraba sorprendentemente cómoda. Muchas veces acababa siendo el cojín de los pies de Amma. Así pasaban una o dos horas, sin que ni siquiera me diera cuenta del paso del tiempo por lo absorta que estaba en el ambiente de devoción que había en el minibús.

Cuando atravesábamos el centro de un pueblo, se cerraban las ventanas y las gruesas cortinas de color crema para mayor privacidad, lo que hacía que aumentara la temperatura del interior. Amma se reía y decía que antaño los *rishis* iban a las cuevas a realizar prácticas ascéticas; pero que en la actualidad bastaba con un minibús. Uno de los primeros requisitos de la vida espiritual es transcender gustos y aversiones, frío y calor, placer y dolor. Si se quiere lograr la liberación, no hay que sentirse afectado negativamente por ellos. Nuestra mente debe permanecer estable.

Amma también se dio cuenta de que muchos de nosotros mirábamos el paisaje y explicó que si miramos hacia afuera nunca veremos dentro. Todas esas impresiones sutiles se quedan grabadas en la mente, aunque pensemos que no estamos absorbiéndolas. Más tarde, todas esas impresiones crearán *vasanas* (tendencias) de agitación que tendrán que superarse. Cuando vamos de

peregrinación, intentamos calmar los pensamientos de la mente, explicó Amma, no aumentarlos.

Dependiendo de cuánto tuviéramos que viajar, salíamos del *ashram* en algún momento en torno al mediodía. Parábamos en casa de la familia anfitriona para asearnos y nos servían té y comida. Esa era la única ocasión en la que podíamos tomar té; pero como tomar té antes de cantar no era bueno para las cuerdas vocales, normalmente declinábamos la invitación. Como entonces todavía no se habían publicado libros de cantos, copiaba a mano en un diario las canciones que Amma cantaba. A menudo, alguno de los residentes, especialmente Puja Unni —ahora Swami Turiyamritananda—, se sentía inspirado a escribir una nueva canción. Cada canción tenía un significado profundo y una melodía única. Las canciones eran una ofrenda de amor y devoción. Las enseñanzas espirituales básicas de Amma podían comprenderse fácilmente escuchando sus canciones devocionales:

Dedicar la mente, la palabra y la acción al recuerdo y el servicio de Dios (*Manasa Vacha*), no ser hipócrita rindiendo culto dentro del templo y dándole una patada al mendigo en la puerta del templo (*Shakti Rupe*), recordar que nadie de este mundo nos pertenece (*Bandham Illa*), concentración unidireccional en la meta(*Adiyil Paramesvariye*), derramar lágrimas inocentes como un niño delante de la Madre Divina para alcanzar la meta (*Ammayil Manasam*), fundirse en un estado de unidad con la deidad amada mediante la práctica de la meditación y las prácticas ascéticas (*Karuna Nir Katale*), bañarse en la visión interior del Amado (*Kannilenkilum*) y lograr una paz pura y perfecta en este mundo de sufrimiento (*Ammayennulloru*). El camino del amor y la devoción se subrayaba en todos los cantos devocionales de Amma que cantábamos en el *Kalari,* pero también en los programas de fuera del templo.

Amma me enseñó a mantener el *talam* (el compás o cuenta de la canción) dándome suaves golpecitos en la rodilla con un dedo. Era importante mantener el cuerpo inmóvil: la mente se concentra mejor de ese modo. Con la música devocional podía llevarse a la mente a un punto de perfecta quietud. Yo seguía intentando reducir la distancia entre los momentos de dicha, como me había aconsejado Amma.

Después del programa de *bhajans*, Amma daba *darshan* hasta muy tarde. Muchas noches nos amontonábamos en el minibús a las dos o las tres de la madrugada y llegábamos al *ashram* al amanecer. Me daba una ducha e iba a la cocina, con la cabeza llena de música de ensueño y de la presencia amorosa de Amma de la noche anterior.

Así, las semanas y los meses se volvieron un año. Mi práctica era una combinación equilibrada de servicio, meditación, estudio de las escrituras y *hatha yoga*. Cada uno de nosotros seguía las instrucciones específicas que Amma le había dado, dependiendo de si nuestro temperamento era más devocional o intelectual, más *tamásico* (letárgico), *rajásico* (activo) o *sáttvico* (puro), o si nuestro comportamiento era más sereno o más brusco. Amma era el reflejo perfecto de lo que cada uno de nosotros tenía en el corazón. Los que estaban llenos de amor se deleitaban con el amor y la inspiración. A los que les faltaba sutileza y refinamiento les llegaban pruebas constantemente. Había una diferencia perceptible en el modo en que Amma instruía a cada persona que había llegado a ella buscando enseñanza espiritual. Como no éramos muchos, era fácil ver quién llegaba a tiempo al *archana* y quién no. Quién se sentaba a meditar y quién no tenía tiempo para ello. Una joven que muchos años más tarde decidió irse del *ashram*, asistía raras veces, explicando que su *seva* no le permitía acudir. Pocos años más tarde, dejé que la seva se convirtiera en un impedimento para mi práctica diaria, con efectos desastrosos.

Menciono a esta persona aquí y en algunos otros lugares de este relato porque tuvo influencia en mi viaje. No digo su nombre por respeto a su privacidad.

Juzgar a los demás era una *vasana [tendencia]* fuerte para mí, así que intenté cultivar ser el observador silencioso y trabajar en mi propio mejoramiento. Entonces no teníamos ni idea de que Amma estaba manteniendo el mundo a raya adrede para darnos esa oportunidad de crecer fuertes espiritualmente antes de que la marea llegara como una tromba. 🪔

CAPÍTULO 5

Mis hijos están llorando

En abril de 1986, había unos veinte renunciantes viviendo con Amma en la propiedad de la familia Idammanel cuando a Amma le llegó una invitación para visitar Estados Unidos, que ella aceptó. La invitación era del hermano de Nealu, Earl Rosner, y de la mujer de Earl, Judy. Ese momento se recordaría más tarde como un punto de inflexión para el mundo. En ese momento, yo preparaba la comida y no tenía ni idea de lo que acababa de pasar en las cabañas donde Amma estaba reunida con algunos de los residentes. Nealu vino a la cocina y me llamó. Dijo:

—Amma acaba de aceptar la invitación de mi hermano para ir a Estados Unidos. Me ha enviado para preguntarte qué hace falta para ese viaje.

Recuerdo que dejé el cucharón de revolver y miraba las llamas mientras pensaba. Entonces, solté unas cuantas cosas improvisadamente: pasaportes, visados, calcetines calentitos, un lugar para que Amma cante *bhajans* y carteles. Harían falta muchísimos carteles, porque nadie conocía a Amma en Estados Unidos. Cuando se marchó para informarle a Amma, pensé: "¿Qué sé yo de esas cosas?" Y volví a la cocina.

Habían pasado apenas dos horas cuando alguien llamó a la puerta de mi cabaña. Swami Paramatmananda estaba allí de pie sujetando una máquina de escribir oxidada.

—Creo que vas a necesitarla —dijo, dándomela—. Amma ha dicho que tienes que preparar esas cosas para la visita.

¡El mundo iba a conocer a Amma! Esa tarde me dijo:

—Mis hijos están por todas partes. Están llorando por Amma, pero no pueden encontrarme. Amma debe ir a ellos.

Sabía que lo que Amma decía era cierto, porque yo había llorado durante casi dos años antes de oír hablar de Amma. Había una inquietud, un dolor de vacío en mi interior, que me había mantenido en marcha, apremiándome a encontrar a Amma. Y, sin duda, no era la única que lloraba en el desierto. Pero, ¿cuántas personas tendrían las mismas circunstancias que les harían dejar sus hogares y sus vidas y recorrer todo el camino hasta el embarcadero de Vallikkavu y al otro lado del río para conocer a Amma?

UN DÍA CON LA MADRE

Mi cerebro cambió de marcha y empezaron a surgir ideas. Viajar a las ciudades donde tenía amigos o familia parecía obvio. Les contaría al mayor número posible de personas la historia de cómo conocí a Amma y qué pasaba aquí. Cómo había curado al leproso Dattan. Cómo Amma nos guiaba magistralmente en el camino espiritual. Que Amma ya había iniciado una escuela y una pequeña clínica gratuita donde un médico y una enfermera ofrecían atención primaria a los aldeanos pobres de la isla. Me senté con Swami Paramatmananda a compartir mis ideas y oír las suyas. Decidimos grabar un pequeño documental sobre la vida con Amma. Lo titulamos *Un día con la Madre*. Amma nos dio su bendición para la grabación y Swami Paramatmananda trabajó día y noche para tenerla lista antes de mi partida. Hicimos uno más corto titulado *Amrita Sagara: Mar de dicha*, que mostraba las enseñanzas de Amma. Saumya (ahora Swamini Krishnamrita) puso la voz. Pensamos que esas cintas serían la mejor forma de presentar a Amma a tantas personas como fuera posible.

La madre de Nealu estaba en Chicago; mi familia estaba en Pittsburgh y Boston. Su primera profesora de yoga estaba en Madison. Su hermano y todos mis amigos de la universidad, en la Bay Area. Esos serían los lugares a los que podría ir fácilmente, aunque en ese momento no tuviera ni idea de cómo viajar, porque no tenía dinero para hacer nada de eso. Los dos nos pusimos a escribir cartas. Un día llegó un aerograma al *ashram*. Era de un hombre que se llamaba George Brunswig y que escribía desde San Francisco. Había oído hablar de un folleto titulado "La Madre de la dulce dicha", que describía la vida de una santa india llamada Amma. ¿Podríamos por favor enviarle el folleto y él nos rembolsaría el coste y el envío? Era nuestro primer contacto exterior. Le escribí ese mismo día. Le expliqué que iría a la Bay Area y que llevaría copias del folleto. Le llamaría en algún momento a principios del verano, si le parecía bien.

DE UN VIAJE DE IDA Y VUELTA A UNO ALREDEDOR DEL MUNDO

Lo más increíble sucedió cuando fui a la agencia de viajes de Kochi. Después de explicarle a la agente de viajes lo que me hacía falta, un billete sencillo de ida y vuelta a San Francisco con la vuelta dos meses más tarde, empezamos a hablar mientras ella miraba los precios. Le conté algo de lo que estaba haciendo, sin pensar que le interesaría. Pero me miró con una expresión curiosa y me habló de una gran oferta: por solo un poco más, podía elegir dos aerolíneas y diez ciudades. ¿Comprar un billete alrededor del mundo con diez paradas? ¿Por solo mil dólares? Casi me caí de la silla. Eso era exactamente lo que me hacía falta. Lo siguiente que pensé fue que se podría incluir fácilmente Europa. Como no me habían visto desde hacía tiempo, mis padres me compraron el billete con gusto. Veía que el viaje de Amma a los Estados Unidos se había transformado en una gira mundial en un segundo. Le dije a la agente de viajes que me pondría en contacto con ella en los días siguientes. Al volver al *ashram*, no podía esperar para contarle a Amma aquel nuevo y maravilloso acontecimiento.

Amma no se inmutó. Estaba trabajando en el jardín cuando se lo conté. Simplemente me miró y dijo: "Vale, hija, lo que creas que es mejor. Uno de los hijos de Amma está en Francia y puedes escribirle. A ver lo que le parece", y volvió al jardín. Amma es la persona más desapegada que he conocido. Podría haber provocado una respuesta más entusiasta de Amma si hubiera ido con una manera mejor de utilizar las sobras de arroz.

REGALOS QUE REGALAN

Antes de marcharme, fui a recibir las bendiciones de Amma. Me dio dos regalos de despedida. El primero era una sencilla lámpara de aceite de tamaño mediano hecha de bronce. Debía encender la lámpara en una mesita antes de proyectar cada vídeo. Con una sonrisa titilante, Amma señaló la pieza superior de la lámpara y dijo "el tercer ojo", marcándolo con *kumkum*. Después, señaló la parte inferior y dijo: "los pies", indicando dos lugares en el borde, y marcándolos también. Podía imaginarme a la Madre Divina sentada allí, haciéndome compañía.

El segundo regalo era un anillo. Amma había sacado un pequeño joyero y lo había dejado a su lado mientras hablábamos. Lo abrió y me dio un anillo de plata que tenía un retrato suyo de esmalte incrustado con un fondo de color azul cielo. Quería que lo tuviese. Me emocionó tanto que empezaron a saltárseme las lágrimas. Me lo probé inmediatamente y encajaba perfectamente en el dedo índice de mi mano izquierda. Ese anillo sería mi consuelo en los muchos, muchos kilómetros que recorrería antes de que Amma y yo nos volviésemos a reunir más tarde ese verano. Amma me dijo: "Hija, nunca pidas nada y todo te vendrá". Con absoluta fe en las palabras de Amma, viajé en dirección Este alrededor del mundo. Años más tarde, cuando leí el *Ramayana* por primera vez, pude entender por qué Rama le dio a Hanuman el anillo para confirmar la identidad de Rama a su querida Sita

Devi. Aunque yo no sea ningún Hanuman, sus hijos de tierras extranjeras sentirían el *sankalpa* (propósito divino) de Amma al ver el anillo que yo llevaba.

EN CAMINO

Cuando inicié el viaje, en junio de 1986, no tenía ni idea de que solo sería el primero de mis tres viajes como aquel por Estados Unidos y Europa. Amma inició su gira mundial solo un año después. Antes de eso, miles de kilómetros se volverían decenas de miles de kilómetros de esfuerzo por llevar a Amma a Occidente, a sus hijos que estaban llorando. No tenía ningún plan que seguir, ningún devoto con el que ponerme en contacto. Ningún libro *Planeando giras mundiales para principiantes* que me sirviera de guía. Sencillamente, mi familia me había comprado un billete para que les visitara y partí. No sabían el torbellino que sería mi visita y que, en menos de un año, una santa india llamada Amma pararía en su casa.

Después de aterrizar en San Francisco con una mochila en la que llevaba una muda de ropa, la lámpara de aceite, copias del folleto "La Madre de la dulce dicha" y los dos videos que habíamos hecho, empecé a viajar por el país y por el mundo mostrando el vídeo a tantas personas como fuera posible en cada ciudad donde tenía familia o amigos. En esos lugares, siempre podía contar con comida y alojamiento, amabilidad y espíritus generosos. Cada vez que me quedaba sin ideas, o que parecía que el rastro se había perdido, la gracia de Amma me llevaba en la siguiente dirección. Como no podía llamar a Amma, tenía que escuchar a mi corazón por necesidad para saber lo que Amma quería. Esas meditaciones me llevaron en todas las direcciones imaginables.

EL PRIMER PASE DE VÍDEO

El vídeo *Un día con la Madre* se mostró por primera vez en público en San Francisco y lo organizó George Brunswig, el hombre de esa ciudad que había enviado el aerograma pidiendo el folleto de "La Madre de la dulce dicha". Acudieron más de veinte personas. En la sesión de preguntas y respuestas que siguió a la proyección el video, era obvio que algunos de ellos habían conectado con Amma durante el vídeo. Mientras el grupo se dirigía al salón a tomar algo, dos personas se me acercaron y se presentaron como Tina y Nancy. Si había algo que pudieran hacer, les gustaría ayudar. Sentí que Amma no se había demorado en enviar a dos ángeles. Fijamos una hora para volver a vernos y me dieron instrucciones para llegar a Berkeley, donde vivían.

¿CÓMO PODEMOS AYUDAR?

Unos días más tarde, mientras iba a la cita, me preguntaba como saldría. ¿Cuál sería el paso siguiente? No pidas nada y todo vendrá, había sido la orden de Amma. Eso, sin duda, lo volvía todo fácil. Resultó que Tina era la madre de un niño adorable de seis años, Theo. Nancy era una investigadora científica de la Universidad de California - Berkeley. Querían oír más historias de Amma y hacer preguntas, y hablamos más de dos horas. Cuando iba a marcharme, expresaron de nuevo su profundo deseo de ayudarme de cualquier manera que fuera posible. Como muy pocas personas sabían de la existencia de Amma en Estados Unidos, pensé que sería buena idea trabajar con ellas. No se lo había pedido, se habían ofrecido. Cumplían los requisitos.

Empezaron a organizar más pases de vídeo para mí y me ayudaron a repartir los panfletos que George y yo habíamos hecho sobre la vida de Amma. Eso me llevó cada vez a más contactos. Una persona iba a ir a Monte Shasta, alguien más tenía familia en Miranda. De modo que dejé que las cosas fueran sucediendo.

Con algunas excepciones, fue así en todas las ciudades y los pueblos que visité en Estados Unidos, independientemente de cuántas personas hubieran acudido al pase del vídeo. Una o dos personas, a veces tres, se me acercaban y mostraban más interés. Todo fluía cuando mantenía el contacto con esas dos o tres personas en cada localidad y me involucraba con ellas en el proceso de planificación. Cada uno a su manera, acabó esforzándose de manera sincera por la primera gira mundial, mucho antes de conocer a Amma, solo por haber visto *Un día con la Madre*. Para mí fue una señal de la gracia pura de Amma el que cada detalle se manifestara en el momento exacto.

¿QUÉ HAY EN UN NOMBRE?

George Brunswig se había ofrecido para ayudarme a crear un folleto sobre la vida de Amma. Nos sentamos durante horas para trabajar en el diseño. Ya había escrito un resumen de la vida de Amma y sus enseñanzas que iría en la parte interior, y la última cara se había dejado para anunciar la gira. Pensaba que poniéndolo todo por escrito la gira se manifestaría más fácilmente. El pie de foto de una de mis imágenes favoritas decía:

Fechas y lugares de la visita de Amma

Y entonces citaba San Francisco, Seattle, Monte Shasta, Big Sur, Santa Cruz, el Suroeste, Chicago, Madison, Pittsburgh, Boston y Nueva York.

Ese mismo día, hablamos de pedir un apartado de correos para tener una dirección, y para eso nos hacía falta un nombre. Un nombre parecía importante. Me parecía que lo hacía todo más real. Así que George y yo le dimos unas cuantas vueltas. El *ashram* de Amma de la India se llamaba entonces *Mata Amritanandamayi Mission* o *MA Mission*. George no creía que eso sirviera en los Estados Unidos, porque "misión" solía ser una denominación cristiana. Sugerí *Mata Amritanandamayi Centre*, o *MA Centre*.

Me gustaba la ortografía británica de "centre", pero a George no. Dijo que siempre era mejor mantener la ortografía del país en el que estabas, de modo que debía ser *M.A. Center*. Tuve que darle la razón, y así, en una conversación de diez minutos, nació el *M.A. Center*. Por la gracia de Amma, el simple instante que hizo falta para escribir "M.A. Center" se ha prolongado muchísimo y ha inspirado muchísimo servicio desinteresado.

LOS PUNTOS CARDINALES

Norte, Sur, Este, Oeste. En autobús, coche, avión o tren. Durmiendo en casas, pisos, tipis, e incluso una vez en una yurta (un tipo de tienda redonda típica de los pueblos nómadas de Asia Central), de familiares y amigos. Me había propuesto mostrar el vídeo *Un día con la Madre* tantas veces como pudiese en esos dos meses. Tanto si era para una persona como para un grupo de veinticinco, seguía el mismo formato: encender la lámpara, hablar de la vida de Amma y proyectar el vídeo. Después, hablaba del tiempo que había pasado con Amma y respondía preguntas hasta que todos quedaban satisfechos. Explicaba que Amma vendría el verano siguiente y, si alguien deseaba mantener el contacto mientras se perfilaban los planes de la gira, le pedía que escribiera su nombre y su dirección en mi cuaderno. Al final, esos nombres integraron el grupo principal que recibió a Amma por todos los Estados Unidos. Algunas personas llevaban comida y nos quedábamos hasta muy tarde hablando de la vida espiritual con Amma. Siempre era evidente quién había conectado con Amma en la presentación de la tarde. De esa red de personas salían nuevos contactos, más pases de vídeo, más contactos entre Amma y sus hijos. Todo ello dirigido por la gracia inagotable de Amma.

A mediados de agosto, tras haber viajado durante más de sesenta días sin descanso, volví agradecida al lado de Amma, después de haber visitado Singapur, San Francisco, Oakland,

Berkeley, Carmel, Santa Cruz, Mt. Shasta, Miranda, Seattle, Olympia, Taos, Santa Fe, Albuquerque, Boulder, Madison, Chicago, Pittsburgh, Baltimore, Washington DC, Nueva York, Boston, Londres, Zúrich, Schweibenalpe y Graz.

VOLVER A CASA

Ese día de agosto de 1986 en que volví al *ashram* Amma estaba sentada en el porche que hay delante del *Kalari*. Algunos de los residentes también estaban allí con ella y tenían curiosidad por saber cómo me había ido. ¿Qué estaba pasando? ¿Cuándo saldría Amma hacia Estados Unidos? ¿Qué lugares visitaría? ¿Cuántas personas habían oído hablar de Amma? Recuerdo que esa lluvia de preguntas fue a la vez emocionante y abrumadora y que tuve dificultades para responder de forma clara. Entonces, miré a Amma. Estaba totalmente tranquila y parecía estar absorbiéndolo todo. Miró hacia arriba y sus ojos profundos y eternos se encontraron con los míos. Había quietud en el ambiente.

—¿*Sheriyayo, mole?*— fue todo lo que Amma me preguntó (¿Todo bien, hija?).

No puede describirse el efecto que tuvo en mí la pregunta sencilla y directa que Amma me había hecho. Fue como si el aire hubiera dejado de respirar esperando mi respuesta. El tiempo se detuvo un instante mientras Amma ponía a prueba mi capacidad de llevar su mensaje a los hijos que estaban lejos y de acercar a Amma a ellos. Todo eso, estando lejos de la presencia física de Amma para poder hacerlo. Intuitivamente, sentí que Amma estaba midiendo mi determinación. Con tranquilidad y pausadamente, respondí:

—*Sheriyayi*, Amme (Todo está bien, Amma).

Y en ese momento sentí una oleada de energía en el pecho, como si un puente sutil de amor divino estuviera conectando el corazón de Amma con el mío. Amma me sonrió con compasión y me sostuvo en sus brazos un rato largo. Amma quería que fuera a descansar del viaje. Cuando me levanté para alejarme de Amma, pude sentir, sin lugar a dudas, que se había sellado un profundo vínculo entre nosotras que me daría "todo lo que hacía falta sin pedirlo". En ese momento, mi alma sabía que la gira estaba en marcha, que en poco tiempo Amma se encontraría con sus hijos de todo el mundo. A la vez, sentí que haría falta muchísimo esfuerzo y sacrificio. Recuerdo un tremendo sentimiento de alegría en mi interior.

No había un momento que perder. Al día siguiente, propuse que empezásemos a escribir un boletín informativo para enviárselo a las personas que figuraban en la lista de correo que había recopilado. "¿Qué? ¿Un boletín informativo? ¡Pero si Amma no ha ido todavía a Estados Unidos!", fue la respuesta general. No satisfecha con ello, fui a contarle a Amma mi idea. Estuvo completamente de acuerdo y me pidió que le llevara una grabadora y una lista de preguntas. Respondería preguntas para el primer número. No solo eso, sino que de su propia mano escribió una carta que envió a todos los que habían firmando la lista de correo. Propuse que el boletín se llamara "Amritanandam", "Dicha inmortal", por el nombre de Amma.

COMPRANDO LOS BILLETES DE AVIÓN

El billete de avión con el que había viajado ese verano fue un billete de ensueño. Había funcionado de maravilla en la planificación inicial de la gira y mi idea era conseguir el mismo billete para Amma y el grupo. Solo había un problema: no había dinero para comprar los billetes. Aquello no se me iba de la cabeza mientras pasaban las semanas y los meses.

Incluso antes de llegar con Amma, había sido una persona frugal. No tenía tarjeta de crédito a mi nombre y nunca había poseído coche, lo que para una chica estadounidense era poco común. Lo único impulsivo que había hecho en toda mi vida era viajar a la India para conocer a Amma. Ahora que vivía en el *ashram*, solo tenía el respaldo en caso de urgencia de una tarjeta *American Express* que mis padres me habían dado con la condición de que la utilizase solo si era absolutamente necesario.

Todo lo que hiciera falta llegaría: Amma había sido muy clara al respecto. El dinero para pagar el billete de la gira no sería una excepción. Yo estaba completamente segura. Solo era cuestión de esperar el momento adecuado. Pero esa necesidad concreta era acuciante, porque hacía falta tener billetes de avión para poder solicitar los visados para Estados Unidos. Los visados franceses podrían obtenerse gracias a los visados estadounidenses. Solo entonces podría llevarse a cabo una planificación más precisa. Solo entonces el sueño de llevar a Amma a sus hijos daría un paso más definitivo para convertirse en una realidad.

El recuerdo de las palabras de Amma, "Mis hijos están llorando por mí. No pueden encontrarme", me estimulaba. Yo misma había llorado durante dos años antes de conocer a Amma y sabía lo que se sentía. Lo que más quería era que Amma y sus hijos se reunieran como yo me había reunido con ella. La añoranza de Amma por ver a sus hijos se había vuelto mi añoranza de ver a Amma con sus hijos. Decidí que había que arriesgarse. Teníamos que avanzar.

Le mencioné el asunto a Nealu. Sabía que él tenía con su madre el mismo acuerdo que yo con la mía: la tarjeta en caso de urgencia. Mi sugerencia práctica fue que acudiéramos al agente de viajes de Kochi y dividiésemos el precio de los billetes entre los dos: yo compraría cinco y él compraría otros cinco. Le garanticé que el dinero llegaría. Tenía una fe absoluta en ello. Si no, le juré solemnemente que buscaría un trabajo de cocinera al final de la gira para pagarle la deuda. Sin dudarlo, estuvo de acuerdo en que aquella era la solución. Antes de una hora ya habíamos salido hacia Kochi, sin decirle a nadie ni una palabra sobre nuestro plan. Las dos aerolíneas fueron Singapore Air y Delta. Las diez ciudades, Singapur, San Francisco, Albuquerque, Chicago, Washington DC, Boston, Nueva York, París, Zúrich y Viena. Mientras escuchaba diez veces el sonido de nuestras tarjetas de crédito pasando por la anticuada máquina, el corazón me decía que la gira estaba en marcha.

EL CONSULADO ESTADOUNIDENSE EN CHENNAI

La tarea que centraría mi atención en los siguientes casi tres meses era solicitar todos los pasaportes, conseguir los visados para Estados Unidos y Francia y los billetes de avión para Amma y los otros nueve que irían de gira. Los pasaportes fueron fáciles, pero los visados eran otra cosa. En aquellos días, incluso en una visita corta, hacían falta patrocinadores estadounidenses para Amma y los monjes. Era muy difícil conseguir un visado, y mucho menos siete. De hecho, aunque ninguna de las familias a las que me dirigí había conocido a Amma, todas ellas estaban dispuestas a patrocinar a su grupo.

Un sentimiento de inquietud me abrumaba mientras esperaba en la estación de Kayamkulam el autobús de diecisiete horas que me llevaría al consulado de Estados Unidos en Chennai. No tenía cita ni un plan concreto para conseguir los visados. Tampoco iba acompañada de un representante que defendiera el caso. Lo poco que había sido capaz de averiguar me decía que conseguir lo que nos hacía falta era inaudito sin esperar muchos meses. Si nos rechazaban, tendríamos que esperar un año antes de volver a solicitarlos. Sabía que el factor decisivo sería, como siempre, el poder de la gracia de Amma. Uno de los innumerables milagros de Amma era arreglar esos asuntos sin la menor complicación. Pero, aún así, había que esforzarse. Con los diez billetes de avión, los pasaportes y siete cartas de patrocinio cuidadosamente guardadas en la mochila, me subí al autobús y pasé la mayor parte del tiempo rezando para no volver con las manos vacías y mordisqueando turrón de cacahuete. Si no se concedían los visados, nos destrozarían los planes de la gira, al menos respecto al calendario que había diseñado con esmero.

Al entrar al consulado, me vi rodeada de docenas y docenas de personas que hacían cola en el vestíbulo, algunos paseando y todos con un gran papel que llevaba su número esperando a que los llamaran a la zona acristalada donde estaban sentados los empleados. Examinando la ruidosa y nerviosa multitud, sentí de nuevo que el aire se detenía, igual que había pasado meses antes en el porche del *Kalari* con Amma. Decidí prescindir del sistema de números y fui directamente a la ventanilla de cristal para llamar al empleado. Me incliné y le expliqué en voz baja lo que necesitaba: siete visados para visitar Estados Unidos durante dos meses ese verano. No, ninguno de los solicitantes estaba casado. No, ni siquiera comprometido. No, ninguno era propietario de empresas. Pero sí, todos volverían, sin duda, a la India en agosto. Sí, sabía que necesitaban patrocinadores. Asintiendo, le enseñé la lista de patrocinadores. Le sonreí temblorosamente mientras internamente repetía las palabras de Amma: "No pidas nada y todo vendrá… No pidas nada y todo vendrá…" El empleado abrió la puerta y me hizo pasar a una de las oficinas para entrevistarme. Me oía a mi misma explicándole lo que queríamos y veía en un silencio asombrado cómo la mano iba pegando una y otra vez los visados en todos los pasaportes. Resultó que tardé menos de una hora en conseguir todos los visados. Lágrimas de gratitud surcaban mis mejillas cuando estuve fuera, en la acera. Esa misma tarde, tomé el primero de una serie de autobuses que me llevarían de vuelta a casa. Hizo falta otro viaje a Pondicherry para conseguir los visados franceses, lo que también se logró sin complicaciones.

¡PREPARADOS, LISTOS, YA!

Resulta difícil imaginar aquellos días en los que no había ordenador, teléfono móvil ni internet. Toda la planificación de la primera gira se hizo sin nada de eso. Usaba la pequeña maquina de escribir que me habían dejado para ponerme en contacto con la gente, escribir el boletín "Amritanandam" y seguir en contacto con el pequeño y disperso grupo de personas que había manifestado su deseo de ayudar tras haber visto el vídeo de Amma en verano. La planificación de la gira de Europa se le había encargado a otro devoto que vivía en Francia, Jacques Albohair. Utilizaría los contactos que yo había hecho mientras organizaba la gira de Amma por Estados Unidos, sumándolos a los que él ya tenía.

En enero, sabía que había llegado el momento de volver a Estados Unidos. Ahora que teníamos los billetes de avión y nos habían concedido los visados, lo que faltaba era dar cuerpo a la gira. ¿Dónde se alojarían Amma y el grupo? ¿Qué ciudades y pueblos visitaría Amma exactamente? ¿Qué salas serían adecuadas para los *bhajans* de la tarde y el *darshan*? ¿Y qué hay de todos esos carteles publicitarios que había que poner por todas partes? ¿Quién estaría allí para hacer todo eso? Decidí recorrer el país de nuevo, aunque fuese en pleno invierno. Hacer más pases de video significaría más contactos, más ayuda; y más hijos de Amma podrían enterarse de su próxima visita. Era la única manera que se me ocurría para avanzar. Así que, empezando en San Francisco, no pararía hasta llegar a Boston. Le pedí a Amma su bendición y saqué mi billete a Estados Unidos para el 3 de febrero.

CONSEGUIR MI VISADO N.O.R.

Un pequeño detalle que había dejado de lado era mi propio visado. Me haría falta un visado *No Objection to Return* (N.O.R.: "sin objeción para volver") para regresar a la India al final de la gira. Me habían prorrogado el visado el año anterior; pero tenía que salir otra vez del país para seguir organizando la gira de Amma. Ya había sido muy difícil convencer a la Oficina de Registro de Extranjeros de Kollam de que tenía que salir del país cuando me fui en agosto. ¿Cómo se tomarían esa segunda petición de un visado N.O.R. en menos seis meses? No les gustó, pero aceptaron mi solicitud.

El verdadero problema llegó cuando la policía llegó al *ashram* para realizar las indagaciones rutinarias para procesar mi petición del N.O.R. Me llamaron a la oficina de la casa de la familia de Amma. Habían venido dos inspectores de policía y querían ver mi pasaporte, mi permiso de residencia y hablar conmigo. Mientras los tres nos sentábamos en la diminuta oficina, me invadió un sentimiento de claustrofobia.

En primer lugar, la policía quería saber por qué quería salir otra vez de la India. Tenía un visado de entrada, me dijeron, y no era posible entrar y salir con tanta frecuencia, dos veces en menos de un año. ¿Qué les conté? Dije que mi familia necesitaba verme y que algunos otros asuntos requerían mi atención. No estaban en absoluto satisfechos con las respuestas. Me dieron un ultimátum: o bien quedarme y conservar mi visado de larga duración o irme del país y perder mi visado de entrada, el visado que había esperado tanto tiempo, el que hacía posible que no tuviera que separarme de Amma cada seis meses.

Por un momento, mi mente fue de una posibilidad a otra; pero realmente no tenía elección. Si elegía conservar mi visado de entrada, la organización de la gira se quedaría en punto muerto. Eso ya no era posible. La planificación estaba demasiado avanzada. No podía aceptar esas condiciones. Les dije a los policías que tenía que ir a Estados Unidos y que sacrificaría mi visado de larga duración. Sin decir ni una palabra más, escribieron en la parte de atrás de mis papeles de registro: "Permiso para salir: concedido. Permiso para volver: denegado", invalidando así mi visado. Me iba a estallar el corazón mientras nos levantábamos para irnos. Eso era todo: mi queridísimo visado se había ido de un plumazo. No servía de nada pensar en ello. No se podía hacer nada. No me apetecía contarle a nadie las malas noticias. Podían esperar.

MANTRA DIKSHA EN EL KALARI

Se acercaba el momento de irme a Estados Unidos para la segunda ronda de planificación. Amma me había dicho que me daría *mantra diksha* (una iniciación formal a la práctica del *mantra*) en el *Kalari* antes de marcharme. Era un momento para el que me había estado preparando desde que entré en el *Ashram* en 1983. Había observado el efecto transformador que la iniciación había tenido en algunos otros residentes que habían recibido *diksha* en la privacidad del *Kalari*, y esperaba ser una receptora adecuada para la gracia de Amma. Se dice que en la iniciación el *Guru* transmite una parte de su propia energía vital iluminada para acelerar el proceso de despertar del estudiante.

Dos días antes, me dijeron que ese domingo sería el día de mi iniciación. Empecé un ayuno, aunque comí algo ligero por la noche para mantenerme fuerte. El domingo a última hora de la tarde, antes del *Devi Bhava*, me duché y me puse ropa nueva. Me senté a meditar dentro del *Kalari*. A medida que el *Bhava Darshan* se prolongaba durante la noche, aumentaba mi expectación. Era una multitud inusualmente grande y Amma no terminó hasta las tres y media. Se cerraron las puertas del templo y me quedé dentro con Amma, que todavía llevaba puesto su sari de seda de *Devi Bhava*. La Dra. Lila, que ahora es Swamini Atmaprana, también estaba allí para ayudar a Amma durante mi iniciación.

Amma me sentó en el taburete que ella había usado durante el *Devi Bhava*. Después fue al altar que había detrás del *pitham*. Con las piernas en la posición del loto y la espalda tocando suavemente la parte delantera del *pitham*, yo estaba orientada hacia el Este, hacia las puertas cerradas del templo. La música de los *bhajans* continuaba en el porche de entrada y los monjes cantaban bellos cantos a la Devi, la Madre Divina. Dirigí la atención hacia mi interior, lejos de la música. Tenía la mirada baja y podía oír a Amma recitando algunos poderosos himnos antiguos que había oído en las ceremonias de consagración. En esos momentos me sentía totalmente relajada y receptiva.

Entonces, Amma se me acercó con una guirnalda de flores de hibisco rojo. Me la colocó y me puso pasta de sándalo en la frente. Me apoyó el dedo índice en el tercer ojo un buen rato. Concentré la mente en la sílaba "ma" y mantuve esa concentración en un solo punto, llevando mis pensamientos hacia la imagen de la Madre Divina. Amma siguió cantando, pero con tonos más profundos y suaves. Dejé que la mente se entregara sin hacer ningún esfuerzo. No había pensamientos, ni templo, ni tiempo; solo un sentimiento de completa unidad. No sé al cabo de cuánto tiempo, Amma me susurró un *mantra* al oído derecho mientras me tapaba el otro oído con el dedo, como si quisiera evitar que lo que me estaba susurrando saliese por el otro lado. Repitió el *mantra* tres veces y después se alejó, por detrás de mí, hacia el altar. El ruido del roce de la tela de su pesado sari y el tintineo de sus tobilleras sonando al ritmo de los *bhajans* era indescriptiblemente bello. Amma se había puesto a bailar: me lo dijo la Swamini Atmaprana la mañana siguiente. Se me caían las lágrimas sin relación con ninguna emoción en particular. Pasó más tiempo. Con el *mantra* resonando en mi interior, con la *mantra shakti* (el poder del mantra) reverberando en todas las células del cuerpo, me quedé en ese estado suspendido de conciencia meditativa.

El iniciado podía quedarse en el templo todo el tiempo que hiciera falta después de que Amma se hubiera ido. Los primeros rayos del sol me acariciaron la cara mientras salía en silencio del *Kalari* y volvía a mi choza.

PERMISO PARA HACER UNA GIRA PREVIA

Un día después, mientras hacía la maleta, se me ocurrió algo: ¿Por qué no organizar una gira previa enviando a algunos de los monjes antes de que Amma llegara? Podríamos viajar a todos los lugares que Amma visitaría, hacer una tarde de *satsang* (charla espiritual) y cantar *bhajans*. Entonces, después de cada pase de vídeo, podrían compartir con la gente su experiencia con Amma. Además, podrían ver todas las salas y las casas que estaba pensando utilizar y asegurarse de que todo fuera adecuado. Aunque sabía que organizar una gira previa al mismo tiempo que se organizada la visita de Amma complicaría más las cosas, decidí preguntarle a Amma. A nadie le gustó realmente mucho la idea salvo a Amma. Sonrió con mucha dulzura cuando le conté mi idea de una gira previa y eligió a los monjes que viajarían a Estados Unidos antes que ella.

La fecha de comienzo de la gira previa se fijó para el 26 de marzo. Los monjes volarían a San Francisco y llevarían el armonio y un *tabla*, y viajaríamos en coche por todo el país. Swami Amritaswarupananda (entonces Br. Balu) empezó a componer bellos *Hari Kathas* (la historia del Señor con música). Uno sería sobre la historia de la vida de Amma y el otro sobre Mirabhai, la santa del siglo XIV. Pensaba utilizarlos en los programas de la gira previa. Con todo esto en marcha, partí.

SURGE LA RED DIVINA

Ese invierno de viaje por Estados Unidos hizo muchísimo frío; pero todos los días conseguí hacer un pase de vídeo y, al menos, una comida decente. Algunas veces, un contacto del verano organizaba un pase. Otras, simplemente entraba en una librería y preguntaba si alguien quería ver el vídeo de Amma. No era exigente. Había hijos de Amma por todas partes y ella era la luz que me guiaba. Leyendo con atención las páginas amarillas, organizaba encuentros informales con miembros de iglesias de distintas confesiones y centros espirituales para hablarles de Amma. Muchos decidían organizar un programa de tarde gratuito en la sala de reuniones de su iglesia: los cuáqueros, los unitarios, el Centro de Meditación *Vipassana*, el Centro Zen de Cambridge, el Centro Teosófico, los sufís de Boston, la *Yoga Society*, el templo *Ramalayam* de Chicago, la Iglesia *St. John the Divine* de Nueva York, incluso la Universidad de Harvard: todos estaban interesados. La gira estaba cobrando forma. Los detalles se estaban concretando.

En las ciudades donde había hecho contactos el verano anterior, todos nos reuníamos para buscar salas, elaborar un plan de publicidad y empezar a hacer listas. Hablábamos constantemente de Amma y la gira previa. Todos podían sentir cómo crecía el entusiasmo. Estábamos conociéndonos mientras trabajábamos juntos por un objetivo común: tener a Amma entre nosotros. Su inocente fe florecía al hacer ese servicio desinteresado, sin haber conocido a Amma. Verlo y formar parte de ello fue una enorme inspiración. Su brújula interior les estaba guiando en dirección a Amma. Claramente, aquellos eran hijos de Amma y yo estaba deseando estar presente cuando tuvieran su primer *darshan*.

A medida que la planificación se volvía más solida, uno de los primeros asuntos de los que tenía que ocuparme era adónde iría Amma exactamente. Nadie conocía a Amma. La única invitación que teníamos era a la Bay Area; pero aquello no me parecía un obstáculo. Siempre me imaginaba a Amma volando en un diente de león y aterrizando con sus semillas aéreas en las casas de mi familia y mis amigos. Esas serían las principales ciudades que Amma visitaría, y estaban repartidas por todo el país. Pero, a su vez, esas semillas geminaron, regadas con el agua de la gracia pura de Amma, y los demás lugares surgieron como zarcillos de una enredadera. De mi primer pase de vídeo en San Francisco llegaron invitaciones para visitar Mt. Shasta, que a su vez me llevó a Miranda y a Seattle. Después, Carmel y Santa Cruz. Taos, en Nuevo México, estaba lleno de viejos amigos y buscadores deseosos de conocer a Amma, ya que allí es donde vivía cuando oí hablar de Amma por primera vez. De allí salieron Santa Fe, Albuquerque y Lama Mountain. La madre de Nealu, Phyllis Rosner, estaba en Chicago. Su primera profesora de yoga estaba en Madison. Mi padre vivía en Boston. Quería realmente que Amma visitara Nueva York y Washington D.C. Sentía que Amma debía llevar a cabo programas en esas ciudades, porque allí se tomaban muchas decisiones importantes y de gran alcance. Indudablemente, la energía divina de Amma podía ser beneficiosa. Pero no conocíamos a nadie en ninguno de esos lugares, así que tuvimos que empezar desde el principio. De ese modo, deambulé por todo Estados Unidos. Amma organizaba constantemente conexiones entre personas y ciudades. Lo único que yo tenía que hacer era ver el hilo y seguirlo. Algunas familias empezaron a ofrecerse para acoger a Amma en su casa. Aún después de explicarles que no sería solo Amma, sino diez personas, seguían mostrándose muy acogedoras, sin excepción. Se abrían puertas por todas partes. De esa forma, lo que me había parecido un país enorme e impersonal solo dos meses antes se volvió una red interconectada de potencial divino. Estaba surgiendo un dibujo.

CON SOLO CINCO DÓLARES EN EL BOLSILLO

A menudo sucedía que solo tenía cinco dólares en el bolsillo; pero, de algún modo, Amma siempre se aseguraba de que me las arreglara. Un viejo amigo de la universidad conducía más de mil quinientos kilómetros para llevarme en coche a Taos o alguien de un pase de vídeo me ofrecía un billete de autobús interurbano para que pudiera llegar al siguiente lugar. Recorrí cientos, y luego miles, de kilómetros en esas seis semanas. Éramos yo, mi mochila y un intenso deseo de llevar a Amma a sus hijos.

Llegué a Nueva York el 20 de marzo. ¡Uf! Los monjes llegarían a San Francisco una semana después para empezar la gira previa. Mi familia de Boston se había ofrecido generosamente a pagarme el billete de avión de vuelta, a tiempo para reunirme con ellos el 26. La sensación general era que todo marchaba bien. Con todo, debo admitir que algo me preocupaba: había pensado que a esas alturas ya habría más seguridad financiera; pero, hasta entonces, no se había materializado más que el dinero suficiente para llevarme a la siguiente ciudad. Sin embargo, tenía que seguir: la organización estaba demasiado avanzada como para dejar que esa inquietante preocupación se interpusiese en mi camino.

El problema más acuciante era que no tenía forma de llegar a Boston. Me estaba alojando en Nueva York en casa de una amiga de la infancia de mi madre, Ann Wyma, que enseñaba teatro en la Universidad de Nueva York. Había organizado muy amablemente un pase de vídeo esa noche en el campus. Estaba bastante segura de que iría mucha gente y quizás alguien que todavía no conocía pudiera llevarme a Boston. Había sucedido antes.

¿Podéis imaginaros mi decepción cuando llegué al pase del vídeo y solo vi a una persona? Y solo había ido porque pensaba que se trataba de un vídeo sobre las artes marciales de Kerala. Se sintió tan mal por mí que se quedó mientras encendía la lámpara de aceite y hablaba de Amma y la próxima gira. Y podéis imaginar que no iba a Boston.

La cosa empeoró. Cuando salí de la sala había empezado a nevar intensamente. Tenía que andar veinte manzanas porque carecía del dinero necesario para comprar un billete de autobús. Me abroché la chaqueta y me puse a caminar con dificultad de cara al cortante viento. Sin compasión, la nevada se hizo más densa y se convirtió en una tormenta de nieve. Finalmente, todo junto fue demasiado para mí. Me detuve en mitad de la acera mirando al cielo. Me invadió una sensación de absoluta desesperación. Todo lo que podía escuchar en el silbido del viento eran las palabras que Amma me había dicho meses antes: "No pidas nada y todo lo que te haga falta te llegará, querida hija".

Me caían lágrimas calientes por las mejillas y sentí que las rodillas me flaqueaban mientras caía arrodillada en la nieve, en la acera, en esa noche de Nueva York. La gente me empujaba al pasar en sus prisas por salir de la tormenta. Y allí recé. Puse todo mi ser en esa oración. Era una llamada de auxilio a Amma, que por favor me oyera y me tendiera su mano, que viniera a mí cuando me encontraba en esa situación y me hiciera saber que me estaba oyendo. Fue mi momento de mayor necesidad. ¿Por qué tenía las manos vacías, Amma? ¿Por qué estaba a cinco mil kilómetros de donde tenía que estar? ¿Cómo podría seguir? ¿Cómo recibiría a los monjes dentro de una semana si ni siquiera podía llegar a Boston al día siguiente? ¿Me faltaba algo? ¿Había algún sacrificio más que tuviera que hacer?

Después de aquello, no recuerdo mucho de esas veinte manzanas que tuve que recorrer, excepto que hacía mucho, mucho frío. A la mañana siguiente, me desperté en un apartamento vacío. En un estado de ánimo bastante sombrío, fui a la cocina, donde encontré una nota en la encimera. Decía:

> *Querida Gretchen,*
> *No sé de qué va tu proyecto, pero quiero ayudarte.*
> *Ann*

Me había dejado tres billetes de veinte dólares. Yo sabía que el billete de autobús costaba cincuenta y ocho dólares. Se me hizo un nudo en la garganta: Amma había acudido de nuevo.

Pero lo mejor estaba por llegar. Cuando, más tarde ese mismo día, llegué a casa de mi padre en Boston, me dijo que dos familias distintas habían estado intentando localizarme. Habían llamado esa mañana con la esperanza de dar conmigo y le habían dejado sus números de teléfono. Les llamé. Ambas familias me dijeron lo mismo: no podían dejar de pensar en Amma desde que la habían visto en aquel vídeo varias semanas antes. Habían sentido la urgencia de intentar localizarme la noche anterior. Querían contribuir con algo de dinero para que la gira pudiera realizarse. Ante la inminente llegada de la gira previa y luego de Amma, al cabo de ocho semanas, seguramente me haría falta algo. Y ambas contribuyeron exactamente con cinco mil dólares cada una.

El sol no se había puesto ni una sola vez desde que le había rezado a Amma. No había tendido una, sino las dos manos. Así es la gracia pura que es Amma.

CAPÍTULO 6

Barriendo el camino

Abril de 1987
Oakland, California

Como la invitación para que Amma visitara Estados Unidos había llegado de la familia del hermano de Swami Paramatmananda, los Rosners, allí fue donde recogí a los monjes para empezar la gira previa. La residencia de los Rosner, en un barrio de los alrededores de Oakland, fue nuestra base: su generosidad fue un ejemplo grato y constante durante toda la organización de la primera gira mundial de Amma.

Acababa de volver de Boston e iba a toda velocidad, revisando las listas con Judie Rosner: las listas de la comida y las especias que nos hacían falta, la lista de la ropa de abrigo, con las tallas de todos. Una "lista de preparación" de cada una de las quince ciudades y pueblos que Amma visitaría que lo cubría todo, desde la recogida en el aeropuerto a los artículos de limpieza de la yurta. Después, otra lista de las paradas de la gira previa: todo, desde las ollas de la cocina a los artículos de bronce que harían falta en la *puja* para recibir a Amma. Una lista maestra de los contactos que se tenían: nuevas iniciativas, sugerencias y peticiones. La lista de los billetes de avión y los horarios de los vuelos. En poco tiempo, me hizo falta una lista de las listas para tenerlas todas organizadas.

Mirándome desde la mesa de la cocina, Earl Rosner dijo:

—Kusuma, ve más despacio, siéntate en el sofá y relájate. Amma viene y todo saldrá bien. No arruines la dulzura de Amma llevándola a rastras a tantos lugares.

Mi reacción fue inmediata. Supongo que estaba cansada.

—La dulzura de Amma es permanente; no puede cambiar. Nosotros ya tenemos a Amma en nuestra vida. Está viniendo a ver a sus nuevos hijos. No está viniendo hasta aquí por nosotros. La dulzura de Amma está en el abrazo de sus hijos, así que solo hay que esperar cada vez más y más dulzura. Una de las mayores alegrías de Amma es encender la lámpara del amor en el corazón de alguien. Por favor, no me vuelvas a decir eso.

En seguida me quedé consternada por la respuesta cortante que me había salido; pero Earl solo se rió como lo haría un hermano mayor y me dijo que admiraba mi determinación, y me concedió que quizás debería ser él quien se sentara en el sofá.

Aunque en mis dos primeros viajes de organización por Estados Unidos había recorrido más de quince mil kilómetros, me sentía más fresca que una lechuga mientras conducía hacia el aeropuerto la mañana del 26 de marzo. Un círculo muy unido de buscadores espirituales de la Bay Area había estado trabajando laboriosamente para poner en marcha nuestros siguientes diez mil kilómetros; la gira previa, como la llamábamos. Hicieron panfletos, organizaron pases de vídeo, se pusieron en contacto con familia y amigos en ruta, donaron sus vehículos, compraron calcetines y ropa de cama de abrigo, prepararon deliciosa comida vegetariana y pasaron horas soportándome a mí y a mis listas.

La gira previa empezaría el 1 de abril en una furgoneta *Dodge*, vieja pero resistente, que nos había prestado Jack Dawson, un viejo amigo de la familia Rosner. Llevaría por carreteras de todo el país a los monjes para que ofrecieran *satsangs* y programas de *bhajans* en todas las ciudades y los pueblos que Amma visitaría en mayo, junio y julio. Confiaba en que más personas oyeran hablar de la próxima gira de Amma y pudiéramos echar un vistazo a los lugares que se habían acordado para los programas. Quería eliminar cualquier sorpresa desagradable ahora, no cuando Amma estuviera de gira. La gira previa era una especie de ensayo. Había previsto seis semanas para hacerla.

Larry Kelley, nativo de San Francisco y que había asistido al primer pase del vídeo, y yo empezamos yendo en coche mil quinientos kilómetros en dirección norte hacia Seattle, en la primera etapa del viaje. Primero viajamos a Mount Shasta, donde Swami Amritaswarupananda tiró su primera bola de nieve y los monjes durmieron en su primera yurta. Después, fuimos a Miranda, donde vieron sus primeras majestuosas secuoyas. Scott Stevens, un viejo amigo de Nuevo México, sustituyó a Larry como copiloto para todos los lugares del Este y, después de recorrer otros tres mil kilómetros, le recogimos a mitad de camino en Carson, Nuevo México.

Para comer, cocinaba *kitcheri* en un pequeño hornillo. Un chocolate caliente y té, hechos en el mismo hornillo, nos reconfortaban un poco. En las casas donde nos acogían, los monjes tuvieron su primer contacto con una cultura totalmente distinta. Las recepciones en las que cada uno llevaba un plato de comida fueron la primera de las múltiples exploraciones alimenticias que realizarían. A Swami Amritaswarupananda le dieron su primer desagradable plato de "hierba", también llamada ensalada. Los monjes se encontraron con los entusiastas "abrazos de oso" estadounidenses de bienvenida y rápidamente aprendí a evitárselos. "Somos monjes, Kusuma. ¿Puedes por favor interceptarlos?" A cada monje se le dio un saco de dormir nuevo de la marca *Coleman* que se volvió una especie de mejor amigo mientras cruzábamos las Montañas Rocosas a principios de la primavera, porque hacía muchísimo frío. El paisaje que atravesábamos les debió parecer de otro mundo. No puedo ni imaginarme lo mucho que añoraban a Amma.

En el número de marzo de 1987 de "Amritanandam", Swami Paramatmananda escribió:

Queridos hermanos y hermanas,

...Llegamos el 26 de marzo a casa de mi hermano, Earl Rosner, la persona que ha invitado a la Madre a Estados Unidos. Desde entonces, hemos estado viajando con Kusuma y Larry Kelly por California, Oregón y Washington, yendo a los lugares que la Madre visitará, organizando sus programas y también cantando *bhajans* y reuniéndonos con los devotos. La respuesta ha sido muy positiva y devotos de todas partes están esperando ansiosamente recibir el *darshan* de la Madre el mes que viene. Estamos sintiendo la Mano Divina de la Madre a cada paso y nos sorprende escuchar las historias que nos cuentan los devotos sobre las experiencias que han tenido por la Gracia de Amma. Aunque la forma física de Amma está a casi veinte mil kilómetros de distancia, en la India, su Ser omnipresente no parece estar limitado por el tiempo ni el espacio y bendice a todos sus hijos de todo el mundo.

Kusuma nos lleva miles de kilómetros en coche por todo Estados Unidos, organizando todos los programas de la Madre y nuestros, cocinando y, en general, comportándose como una pequeña madre que cuida de nosotros de todas las maneras posibles. Por todas estas actividades, este mes no ha tenido tiempo de escribir el boletín y, por eso, Nealu está sentado ahora delante de la máquina de escribir entre dos paradas.

En Amma,

Br.Nealu (Swami Paramatmananda)

La presencia de los monjes era extraordinaria y decía muchísimo de la grandeza de Amma. Swami Amritaswarupananda tocó los *Hari Kathas* que había compuesto, creando una atmósfera de devoción sublime mientras íbamos de una ciudad a otra. Swami Paramatmananda, nacido en Estados Unidos, empezó a dar charlas muy inspiradoras antes de cada pase de *Un día con la Madre*. Cantábamos con muchísima devoción a Amma, sin micrófonos, y su presencia divina llegaba muy poderosamente. Fueron programas increíblemente transformadores. "Prabhu Misham" fue uno de los *bhajans* de la gira previa de 1987 que realmente gustó a la gente. Otros fueron "Gajanana", "Kaya Pia", "Gopala Krishna", "Karunalaye Devi", "Narayana Hari" y "Gangadhara Hara". Las sesiones de preguntas y respuestas después de la proyección del vídeo eran animadas y profundas. Lo que había sido un mera docena de personas en mis pases de vídeo se duplicó en solo un mes con la asistencia de entre veinticinco y treinta personas durante toda la gira previa. Por el camino se repartían cada vez más carteles y folletos de la gira de Amma.

Dos mil quinientos kilómetros más y habíamos llegado a Madison. Y allí, en la hierba verde la granja de la familia Lawrence, nuestra furgoneta *Dodge*, prestada y fiable, expiró su último aliento. Fue un momento solemne y los monjes hicieron una *puja* de cierre de etapa por su heroico servicio desinteresado. Nos había transportado y dado cobijo los últimos seis mil kilómetros, sin dejarnos tirados ni una sola vez en un tramo solitario de la autopista. Jack se tomó bien la noticia; pero tuve que pensar una alternativa inmediatamente, porque solo estábamos a mitad de la gira previa y se agotaba el tiempo. Billetes de autobús a Chicago, un vuelo barato a Nueva York y un viaje en tren por la costa Este para ponernos al día con Washington DC y Boston. Volaríamos de vuelta a San Francisco, de eso no cabía duda. La cabeza y el corazón me daban vueltas por el esfuerzo de permanecer centrada, con los pies en el suelo y manteniendo el ritmo sin pausa. Cuando llegamos a Boston, quedaban diez días para que Amma llegara a la costa Oeste.

Recientemente, recordando la gira previa con Swami Amritaswarupananda y Swami Paramatmananda, nos costaba mucho recordar los momentos difíciles, aunque el viaje por carretera fuera agotador. Nos reímos y lloramos innumerables veces por el camino, compartimos momentos profundos de presencia de

Amma y la gracia pura nos dio lecciones de humildad que nos llenaron los ojos de lágrimas. Fue una etapa en la que todos maduramos en nuestra vida espiritual. Nos habíamos comprometido con el proceso de llevar a Amma al mundo, un enorme punto de inflexión, y queríamos hacerlo lo mejor posible. Nuestro esfuerzo era nuestra ofrenda. Su gracia se derramaba sobre nosotros por todas partes. Solo años más tarde me enteré de que es muy inusual que los discípulos precedan al *Guru* de esa manera; pero, como no lo sabía, con la bendición de Amma hicimos todo lo que hizo falta para difundir la primera gira mundial de Amma.

Recuerdo ahora al grupo central, principalmente del primer pase del vídeo *Un día con la Madre* en San Francisco, sin los que no estaría escribiendo este capítulo: George Brunswig, Tina "Hari Sudha" Jencks,*** la fallecida late Nancy Crawford (*brahmacharini* Nirmalamrita), el fallecido Larry Kelley, Susan Rajita Cappadocia, Robin Ramani Cohelan, James Mermer, Cherie McCoy, Jack Dawson, Timothy Conway, Michael Hock, Scott Stevens, Candice Sarojana Strand, Katherine Ulrich y, por supuesto, Earl y Judie Rosner. Ese grupo estuvo involucrado desde el principio, realizando verdaderos sacrificios para ayudar a traer a Amma a occidente y, además, fue el comité de bienvenida de los monjes que llevaron a cabo la gira previa.

Las familias que acogieron a Amma y la gira previa fueron los Rosners, que viven en Oakland; la familia de la fallecida Marion Rosen: Tina y Theo Jencks, de Berkeley; Ron Gottsegen, de Carmel, y Sandhya Kolar, de Carmel; la familia Iyer, de Palo Alto; Liesbeth e Ivo Obregon, de Santa Cruz; la fallecida Elizabeth Wagner, de Weed; Susan Rajita Cappadocia, del Monte Shasta; Ken y Judy Goldman, de Miranda; la familia de Terri Hoffman, de Seattle; la fallecida Feeny Lipscomb y Bruce Ross, de Taos; Isabella Raiser y Bob Draper, de Taos; la familia Schmidt, de Santa Fe; la familia Pillai, de Albuquerque; Balachandran y Lakshmi

Nair, de Chicago; el fallecido Phyllis Rosner, de Chicago; Barbara, David y Rasya Lawrence, de Madison; Mary La Mar y Michael Price, también de Madison; Phyllis Sujata Castle, de Nueva York; Gena Glicklich, de Boston; la fallecida Mirabhai, del área de Washington D.C.; Kit Simms, de Maryland; la familia Devan, de Connecticut; la familia McGregor, de Pittsburgh; y los chicos de la granja *Plain Pond*.

Amma lo organizó todo maravillosamente, como siempre, una vez que yo me esforcé. Cada vez más personas oían hablar de Amma. Otros estaban en contacto con la red de personas que conocí durante el verano y, poco a poco, un círculo mucho más grande empezó a ayudar a organizar la gira de Amma. La idea de la gira previa había generado muchísimo entusiasmo, como esperábamos. Cuando se publicó *Recuerdo de la primera gira mundial*, en mayo de 1987, después de un año de esfuerzos de organización, se habían cerrado cuarenta programas que representaban la diversidad espiritual de los Estados Unidos:

GIRA DE LA MADRE POR LOS ESTADOS UNIDOS -1987

18 de mayo	Llegada de la Madre al aeropuerto de San Francisco
19 de mayo	*Yoga Society* de San Francisco
20 de mayo	*Badarikashram*, San Leandro, CA
21 de mayo	Casa de meditación *Vipassana Harwood*, Oakland
22 de mayo	Iglesia episcopal cristiana, Sausalito, CA
23 de mayo	Primera Iglesia Unitaria, San Francisco
24 de mayo	Asociación de integración cultural, San Francisco
25 de mayo	*Darshan* de *Devi bhava*, residencia de los Rosner, Oakland

26 de mayo	Iglesia de la Unidad, Santa Cruz, CA
27 de mayo	Club de Mujeres de Carmel, CA
29 de mayo	Casa de reunión de los amigos cuáqueros, Seattle, WA
30 de mayo	Iglesia de la unidad, Bellevue, WA
31 de mayo	*Darshan* de *Devi bhava*, residencia de Terri Hoffman, Seattle
2 de junio	Fundación *Melia*, Berkeley, CA
3 de junio	*Whispering Pines Lodge*, Miranda, CA
4-6 de junio	Retiro en la Comunidad *Morningstar*, Monte Shasta, CA
7 de junio	*Darshan* de *Devi bhava*, la yurta de *Morningstar*, Monte Shasta
9-10 de junio	Gran salón del *St. John's College*, Santa Fe
12 de junio	Centro de Artes Escénicas, Taos, Nuevo México
13 de junio	Auditorio Harwood, Taos
14 de junio	Templo *Stones Blessing*, residencia de los Longo-Whitelock, Taos
15 de junio	Residencia de los Pillai, Albuquerque
16 de junio	Centro de Meditación Lama Mountain, Lama Mountain, Nuevo México
17 de junio	*Darshan* de *Devi bhava*, residencia de los Lipscomb-Ross, Taos
19 de junio	La Iglesia blanca de Quesnel, Taos
20 de junio	El Templo de Hanuman, Taos
21 de junio	Celebración del Solsticio de la Madre Divina, ofrecido por Jameson Wells, de Pot Creek, NM
22 de junio	Residencia de los Stevens, Carson, NM
23 de junio	*Darshan* de *Devi bhava*, residencia de los Schmidt, Santa Fe

25 de junio	Puertas del cielo, Madison, Wisconsin
26 de junio	Sala de reunión de los amigos de cuáqueros, Madison
27 de junio	Iglesia unitaria, Madison
28 de junio	*Darshan* de *Devi bhava*, residencia de los Lawrence, Madison
29 de junio	Templo hindú *Ramalayam*, Lemont, Illinois
1 de julio	Iglesia de la vida divina, Baltimore, Maryland
2 de julio	Iglesia unitaria, Washington D.C.
4 de julio	Granja *Plain Pond*, Providence, Rhode Island
5 de julio	Centro Zen de Cambridge, Cambridge, Massachusetts
6 de julio	La orden sufí de Boston, Boston
7 de julio	La sociedad teosófica, Boston
8 de julio	La Universidad de Harvard, Cambridge
9 de julio	Iglesia Baptista del Viejo Cambridge, Cambridge
10 de julio	El Instituto del Himalaya, Nueva York
11 de julio	El *Geeta Temple Ashram*, Elmhurst, NY
12 de julio	Catedral *St. John the Divine*, Nueva York
13-14 de julio	Retiro en la residencia de los Devan, Connecticut
15 de julio	Salida de Amma a la gira europea

Terminamos la gira previa en la costa este y volvimos tan solo diez días antes de la llegada de Amma. Habíamos allanado el camino y era el momento de que, finalmente, el mundo conociera a Amma.

CAPÍTULO 7

En el escenario del mundo

San Francisco
18 de mayo de 1987

Finalmente, el sol salió sobre aquel espléndido día de la llegada de Amma. Era un día precioso y fresco, y todos los preparativos para recibir a Amma y al grupo se habían llevado a cabo con suma devoción y anticipación. Todas las cosas, desde la silla del *darshan* de Amma hasta verduras frescas, desde calcetines nuevos hasta ropa de cama, se había conseguido con la ayuda de todos. Alquilamos una furgoneta blanca de doce asientos para cruzar el Bay Bridge y recoger a Amma y al grupo. Muchas de las personas que habían estado ayudando en los preparativos se unieron para darle la bienvenida a Amma en el aeropuerto internacional de San Francisco.

No hay palabras para describir cómo me sentía esa mañana. Toda la dedicación del último año, todas las dificultades y las adversidades, toda la gracia de Amma que había hecho posible ese momento: todo resonaba en mi interior. Observé la cara de los hijos de Amma que estaban a punto de conocerla: lo duro que habían trabajado, lo dulces y bellos que parecían en ese momento de expectación. El hijo de los Rosners, Gabriel, se había subido a mis brazos para ver mejor a Amma mientras avanzaba por la sala de llegadas del aeropuerto de San Francisco para reunirse con nosotros. Nunca había visto esa expresión de Amma. Siempre estaba radiante y presente, pero en aquel momento estaba incandescente. Todas las partículas de su ser resplandecían y emitían energía como una enorme ola rompiendo en la orilla.

¡AMMA EN CASA!

Le pusieron una guirnalda y alguien había pensado en llevarle unos chocolates —unos *Hershey's Kisses*— que Amma empezó a repartir, dándole a cada persona un abrazo y un *kiss*. Todos nos sentamos un rato cerca de Amma mientras se recogían las maletas y llegaban los vehículos. Amma estaba sencillamente radiante y todos nos deleitábamos en silencio con su resplandor, como si aquel momento nunca fuera a acabarse. Amma estaba muy natural y hablaba con todos, preguntándoles el nombre y haciendo que se rieran con alegría al oír la voz de Amma por primera vez contando una historia del largo viaje.

Al final, Amma y el grupo estaban en la furgoneta blanca, se había recogido todo el equipaje y la caravana se dirigió hacia el Este para cruzar la bahía. Recuerdo que miré por el espejo retrovisor mientras me incorporaba a la calzada: Amma sentada en su asiento, mirando en silencio por la ventana, viendo los Estados Unidos por primera vez.

A la mañana siguiente, Amma empezó a dar *darshan*, en la residencia de los Rosner, a un pequeño grupo de entusiastas devotos que no podían esperar hasta la tarde para asistir al primer programa programado de Amma. Recuerdo especialmente al difunto Steve Fleischer y a su mujer, Marilyn Eto; Dennis y Bhakti Guest, que habían sido guiados de algún modo hasta la casa para conocer a Amma esa primera mañana; y, por supuesto, también estaban allí Tina, Nancy, George, Tim, Robin, James, Jack y Cherie, que habían ayudado muchísimo durante el último año.

Amma empezó con una meditación larga, seguida de una sesión de *darshan*, salpicada por la voz de Amma cantando sencillos *namavali bhajans* (cantos devocionales que repiten los nombres del Señor) mientras abrazaba a cada persona. Unas horas después, el programa terminó y todo el mundo se dispersó para pegar algunos carteles de última hora por la ciudad y prepararse para el primer programa de tarde en la *Yoga Society* de San Francisco.

EL PRIMER PROGRAMA DE TARDE DE AMMA

San Francisco
19 de mayo de 1987

Puede sonar raro, pero esa primera noche estaba tremendamente nerviosa mientras llevaba a Amma y al grupo en coche a San Francisco. Recuerdo que observé cómo mis manos apretaban el volante mientras cruzábamos el Bay Bridge en dirección Oeste. Tenía los nudillos blancos por la fuerza con la que apretaba. "Respiraciones profundas", me repetía. "Solo recita tu *mantra*, sigue recitándolo". ¿Por qué estaba tan nerviosa? Teniendo en cuenta todo el esfuerzo que se había realizado, mis principales dudas aquella noche eran: "¿Aparecerá alguien? ¿Recibirán a Amma adecuadamente? ¿Quedará decepcionada la *Yoga Society* por acoger el programa de Amma y que la sala no se haya llenado?" Aquello era lo que me pasaba por la cabeza mientras giraba la esquina para parar delante de la sala.

¡Lo que vieron mis ojos! La cola para entrar llegaba hasta el final de la manzana. Me inundó una sensación de alivio e inmediatamente me relajé. Salí de la furgoneta para ayudar a Amma a bajar entre una maravillosa multitud de entusiasmo. Alguien le puso una guirnalda a Amma y nos llevaron a todos al interior de la sala.

Una pequeña tarima servía de escenario y apenas era lo suficientemente grande para que todos cupiéramos, y esa noche, la única vez que ha sucedido en Estados Unidos, Amma cantó sin equipo de sonido. Abrió el cielo con su canto y el cielo cayó sobre nosotros. "Gajanana He Gajanana", "Gopala Krishna", "Shristiyum Niye", "Karunalaye Devi", "Prabhu Misam" y "Durge Durge". Puedo oír a Amma cantándolas ahora como si hubiera

San Francisco Airport Darshan

sido ayer. Yo no dejaba de mirar al público para ver su reacción. Es difícil encontrar palabras para describir esa escena: el grupo principal se apiñaba en primera fila, a metro y medio de distancia de Amma, balanceándose mientras ella cantaba. Todos los ojos miraban a Amma. Estaban paralizados y completamente en silencio. Muchos de ellos habían cantado cantos devocionales durante más de una década con otros grupos de *satsang*; pero algunas de sus expresiones no ocultaban el hecho de que nunca habían oído o sentido nada semejante en su vida. Algunas personas del público, por supuesto, lloraban; pero la expresión predominante era de sobrecogimiento.

Había trabajado un año con algunos de ellos y había deseado estar allí en su primer abrazo de *darshan*; pero parecía que el *darshan* ya había empezado a sucederles a algunos de ellos. Amma cantó muchos *bhajans* y nadie se movió del sitio. Al final, después de recitar las oraciones finales, hubo un profundo silencio. Todos nos quedamos sentados esperando, sin querer perturbar el momento con un movimiento. Después, Amma dio *darshan* hasta bien entrada la madrugada. Aquella noche en San Francisco muchas, muchas personas recibieron el primero de muchos *kisses* de chocolate de Amma, mecidos suavemente en el abrazo de Amma, para no volver a ser los mismos.

Volviendo en coche a Oakland, los monjes sacaron el tema del equipo de sonido. Si sería o no posible, especialmente por el frío, que la sesión de *bhajans* fuera acústica. Amma preguntó por el tamaño de las demás salas y mientras se lo describíamos, también me quedó claro: teníamos que viajar con un equipo de sonido.

PROBANDO, PROBANDO, UNO DOS, UNO DOS...

A la mañana siguiente, fui en coche al centro de Oakland a buscar una tienda de música mientras los devotos se reunían en la residencia de los Rosner para una meditación y un *darshan*. Con mi *punjabi* blanco, desentonaba completamente. Era una tienda de música *rock and roll* y había trastos por todas partes. Del techo colgaban guitarras eléctricas, ukeleles, saxofones, enormes altavoces... En esa tienda se podía encontrar lo que se quisiera. Había carteles de estrellas del rock y músicos de jazz, muchos de ellos firmados y pegados a la pared. Las vitrinas de cristal estaban repletas de todos los micrófonos que se pudiera desear; cables, estuches, pies de micro, luces negras, máquinas de hielo seco, mezcladores, amplificadores, grandes y pequeños. Allí se podía comprar de todo. Sintiéndome un poco fuera de lugar y deseando no haber ido sola, me acerqué al mostrador a pedir ayuda.

Ya me habían visto. Un vendedor estaba esperándome. Le sonreí tímidamente y dije:

—Hola.

Tenía la boca seca, pero había que conseguir que aquello funcionase.

—Necesito un equipo de sonido.

—¿Para qué clase de música?

—Cantos devocionales de la India oriental, armonio, *tablas*, voces potentes, sentados en el suelo, de gira.

Al vendedor le pareció bien aquello, nada que no hubiera oído antes.

—¿Cuánto dinero quieres gastarte?

—No demasiado.

—¿Actuación en directo o grabación de estudio? ¿Quién es tu ingeniero de sonido?

—¿Qué es un ingeniero de sonido?

Aquello le hizo arquear un poco las cejas.

—¿Cuántos músicos? ¿Tienes pensado grabar algo?

—Sí, sin duda.

El vendedor salió disparado a una habitación trasera. Volvió pronto y, haciendo sitio en el mostrador, me montó un equipo para principiantes en menos de veinte minutos. Me recomendó un mezclador sencillo *Peavey* con amplificador incorporado. Gran calidad de sonido por un buen precio. Era fiable, fácil de usar, bueno para viajar y con diez tomas de micrófono. Vendido. Dos altavoces con su base, un conjunto de micrófonos de voz con pies, cables y, por último, unas fundas resistentes de encargo. Las elegí de color naranja y estarían listas en una semana. Todo, dentro del presupuesto. Aquel chico era bueno. Lo último era un micrófono para Amma. Había apartado un poco más de dinero para eso.

—Nuestra cantante solista tiene una voz potente. Y se balancea mientras canta —me oí decir.

Se quedó pensando un momento y después escogió un micrófono del expositor y me lo dio.

—Es el modelo que Aretha Franklin usó durante muchos años —me dijo—. Prefería este micrófono a otros más caros porque le gustaba muchísimo el sonido. Iba con su voz.

En cuanto oí "Aretha" estaba convencida: lo compré.

Me preguntó otra vez quién sería el ingeniero de sonido. Cuando le dije que sería yo y que no tenía experiencia, asintió. Vale, entonces tendrás que saber cómo funciona. Así que me dio una clase intensiva sobre cómo montar el equipo, fijar los niveles y equilibrar el mezclador, además de unas cuantas indicaciones sobre cosas que debía tener en cuenta. En la primera noche, pasaríamos por alto la grabación. Estaba seguro de que ya tenía bastante. Cuando llegué a la casa, el *darshan* había terminado y el grupo estaba descansando. Hice el *archana* y recé pidiendo bendiciones.

Conduje hasta la sala con el nuevo equipo y al llegar me encontré con algunos devotos que habían ido antes para ayudar a decorar la sala. Todos ellos estaban radiantes de felicidad después del *darshan* y fueron de gran ayuda. Metimos el equipo de sonido y lo saqué con cuidado de las cajas. Intenté que pareciera que sabía lo que hacía. Mientras limpiaban el escenario, lo decoraban con flores y arreglaban el altar, empecé a sudar con el montaje. Seguí atentamente las instrucciones que me habían dado, coloqué metódicamente los micrófonos en su lugar, sin enredar los cables, tomando notas mentales de qué micrófono iba con qué número de la mesa de sonido y dejé el pie del micro de Amma a un lado para que no estuviera delante de ella cuando se sentara. Me quedé satisfecha. Había hecho todo lo que podía; el resultado estaba en manos de Amma. Mantenerme desapegada y recordar que "yo no soy la que lo hace" era todo lo que faltaba. Volví en coche justo a tiempo para recoger a Amma y al grupo.

Cuando llegamos a la sala, salté de la furgoneta y le pedí a uno de los miembros del grupo principal que la aparcara cerca. Llevé a Amma al interior de la sala y hasta el escenario, y corrí a toda velocidad para colocar el pie del micro en su lugar. Amma hizo una reverencia, como hace siempre antes de ocupar su sitio en un programa. Después, miró pausadamente a todas las personas que habían venido al programa. Era un grupo grande y había un profundo silencio. Amma me miró y me hizo un minúsculo gesto para que le llevara el micrófono, como si eso fuera lo que yo siempre hacía después, colocarle el micrófono a la Diosa del Universo. Recitando mi *mantra* coloqué el micro y miré para ver la reacción de Amma. ¡Arqueó las cejas exactamente de la misma manera que lo había hecho el vendedor esa mañana! No puede evitar reírme en voz baja: a Amma no se le escapaba una. Estaba con nosotros, mirándonos y protegiéndonos al mismo tiempo, tanto si era una cosa grande como algo pequeño. Su capacidad de confirmar su presencia constante con una comunicación sutil era impecable. Sin embargo, si no prestamos atención, podemos perdérnoslo fácilmente. Solo había sido medio segundo y me había comunicado todo lo que necesitaba saber. Amma me sonrió dulcemente y se estiró para darme su bendición tocándome la coronilla. Eso era todo lo que me hacía falta. El nerviosismo se esfumó. Ocupando mi lugar frente a la mesa de mezclas, subí lentamente el volumen de todos los micros y respiré aliviada. Todo fluyó sin problemas. El micrófono de Amma era fantástico.

La Bay Area y el norte de California fueron afortunados por poder disfrutar de dos semanas de programas de Amma ese primer año, desde Monte Shasta, en el norte, a Carmel, en el extremo sur. Amma estaba completamente relajada en cualquier lugar que se encontrara. Ya había un séquito de devotos que aparecía programa tras programa, muchos de los cuales habían asistido al primer pase de vídeo de San Francisco casi un año antes.

EL PRIMER DEVI BHAVA

El primer *darshan* de *Devi Bhava* de Amma fuera de Amritapuri tuvo lugar en Estados Unidos en un lugar insólito. Una mañana temprano, Amma bajó las escaleras y se puso a curiosear por todas las habitaciones de la casa de los Rosner. Al principio, no entendíamos qué estaba buscando Amma; pero pronto nos enteramos. Nadie sabía si Amma haría un *Devi Bhava* fuera de la India; pero eso era lo que Amma estaba pensando esa mañana. Una habitación lateral de la casa era aproximadamente del mismo tamaño que el *Kalari* de Amritapuri y tenía dos puertas acristaladas que daban a una sala de estar más amplia. Esa fue la habitación que Amma escogió.

El anuncio se hizo en el *darshan* de la mañana y, un vez más, en el programa de la tarde: la noche siguiente, Amma se sentaría en *Devi Bhava* a partir de las ocho y media de la tarde. Al día siguiente, saris de seda colgados por todas partes servían de decoración y buscamos el asiento adecuado para Amma y una mesita donde dejar la bandeja del *prasad*. Se hizo un altar en la pared de atrás con una imagen de la Madre Divina y una lámpara de aceite de bronce. Un magnífico arreglo de flores silvestres y un frutero

lleno fueron los toques finales. Al fondo, se colgó un *mandala* de artesanía de tonos tierra que había comprado en Kochi.

Aunque 1987 era la era anterior a los teléfonos móviles y las noticias pasaban de boca en boca, a primera hora de la tarde empezaron a llegar muchas personas. En poco tiempo, la casa estuvo hasta arriba de gente y algunos tuvieron que quedarse en el jardín de entrada. Para los *bhajans,* los monjes se habían situado delante de las "puertas del templo", que pronto se abrirían para revelar al mundo occidental por primera vez la imponente visión de Amma en *Devi Bhava.*

Cuando se acercaban las ocho y media, los cantos devocionales llevaban ya más de una hora y los devotos estaban expectantes. Tres de nosotros estábamos dentro del templo de fabricación casera con Amma mientras ella se preparaba. El *pujari* había traído una lámpara de *arati* de varios pisos que estaba colmada de alcanfor. La asistente de Amma estaba dándole los últimos retoques a todo mientras yo le sacaba brillo a la corona de plata. Amma había elegido un bello sari de color verde oscuro para esa noche. Después de colocar la corona en el *pitham* para que recibiera la bendición de Amma, me mantuve alerta, recitando mi *mantra* con intensidad y esperando la señal de abrir las puertas del templo cuando sonara la canción de inicio del *Bhava Darshan*, "Ambike Devi".

Aunque había vivido muchos *Devi Bhava* con Amma en el *Kalari* de la India, la sensación de aquella noche era claramente distinta, como si un torrente de energía que procedía del interior de la tierra estuviera saliendo por la habitación como un latido silencioso y palpable. Al final, Amma estuvo lista y se sentó con los ojos cerrados en el *pitham* que le habíamos preparado, sosteniendo pétalos de flores en ambas manos; aunque sutilmente yo podía sentir la espada y el tridente. Desgraciadamente, a la asistente se le habían olvidado los cascabeles para los tobillos, lo que nunca antes había pasado. Amma vibraba a una velocidad tremenda y el aire se estaba calentando mucho, crepitando de electricidad. Se encendió la lámpara del *arati* e, inesperadamente, una sacudida movió la habitación ligeramente hacia un lado. Recuerdo que pensé: "Oh no, ¿un terremoto ahora?" Miré a las otras dos personas que estaban en el templo y ellas también estaban serias, lo que no me consoló. ¿Qué pasaba?

Cuando miré a Amma, me di cuenta de que ella era el origen de la subida de tensión. Todo emanaba directamente de ella. Pensé para mis adentros: "¡Dios mío, Amma va a arrancar la casa de sus cimientos!". En ese mismo momento, llegó a mi mente el maravilloso pensamiento de que la ancestral Madre Divina del Universo se estaba manifestando en Estados Unidos en ese preciso instante, atravesando el pesado velo material con una fuerza tremenda y espontánea. Pasó una eternidad antes de que la habitación se estabilizara y Amma hizo un gesto para que las puertas del templo se abrieran por segunda vez. Había nubes de humo de alcanfor en el aire y Amma irradiaba un indescriptible calor, luz y electricidad como nunca antes había presenciado. Empezó a recibir a los primeros devotos. Sentía como si toda la tierra se hubiera abierto y Amma estuviera trayendo esa energía primordial a este lugar desde lo más recóndito, denso y profundo de la existencia, y poniéndola en marcha allí, en Estados Unidos. Recuerdo que pensé: "No creo que las cosas vuelvan a ser iguales aquí".

En 1987, Amma se sentó en *Devi Bhava* en los lugares más insólitos. En el Monte Shasta, fue en una yurta que se montó en una pradera de una ladera de la montaña, nada menos que en una noche de luna llena. En Madison, Amma se sentó para el *Bhava Darshan* en un granero rústico de finales del siglo XIX donde se ordeñaban vacas, en la finca de la familia Lawrence. La casa de los Schmidt, los Hoffman, los Ross-Lipscomb, todos ellos fueron anfitriones de Devi mientras esta bendecía a los devotos. No había límite para que Amma manifestara el poder pleno y potente de

la Madre Divina. Por fin sus hijos la estaban conociendo, y ella enjugaría sus lágrimas en cualquier momento o lugar.

EL MONTE SHASTA

El monte Shasta es el Tiruvannamalai de California. Es una montaña volcánica que muchos consideran sagrada y personificación del Señor Shiva. En 1986, por mediación de Larry Kelley, me había puesto en contacto con Susan Rajita Cappadocia, una entusiasta chica de veinticinco años, mi misma edad. Sintió la conexión con Amma desde el primer pase de vídeo y se esforzó muchísimo por llevar la primera gira de Amma de los Estados Unidos a su ciudad natal, Monte Shasta.

La comunidad de *Morningstar,* donde vivía, se ubicaba en la ladera de la montaña y tenía una vista impresionante. Allí se celebraron los primeros programas de día de Amma y daba la impresión de que todo el pueblo del Monte Shasta iba en peregrinación a Amma, que estaba sentada en la montaña que ellos querían tanto. Amma también disfrutó de esa belleza y señaló los distintos aspectos de la naturaleza que le llamaban la atención. Después del programa, Amma dio un paseo por la finca y se coló en una yurta que se había montado en una bella pradera de flores. Al cabo de un rato dando una vuelta por los alrededores y mirando el interior de la pintoresca estructura de lona, Amma dijo que se sentaría en ese lugar para hacer *Devi Bhava* al día siguiente, en la noche de luna llena. El estado de ánimo de los devotos se disparó cuando oyeron la traducción de lo que Amma acababa de decir.

Al día siguiente, mientras Amma daba *darshan,* nos dedicamos a transformar la yurta en un templo. Empezamos a preparar el lugar: se retiraron con cuidado los arbustos para hacer sitio a los devotos y se pusieron lonas en el suelo delante de la yurta. En el interior, se preparó una zona cerca de la entrada para que los monjes cantaran *bhajans.* Enrollamos cerca de la mitad de las lonas que había amarradas a las paredes de la estructura para que pudiera verse el interior de la yurta-templo. Se colgaron coloridos saris de seda para decorar el interior y se montó un altar muy elaborado justo detrás del *pitham* de Amma. Cerca de doscientas personas asistieron a la ceremonia de apertura y Rajita, escribiendo años más tarde, recordaba: "Cuando las cortinas se abrieron y miré a Amma, vi una llama divina, su cuerpo vibrando como si un impresionante río torrencial fluyera en su interior. Era sumamente impactante".

Sentí una dicha enorme al ver que la gente conectaba con Amma en toda su gloria. Cada kilómetro, cada comida que me había saltado, el agotamiento, incluso la pérdida de mi visado, todo merecía la pena por presenciar el encuentro de la Madre Divina con sus hijos. Mi instinto había estado en lo cierto: había una Madre Divina en el mundo y todos sus hijos la estaban encontrando.

LIMONADA JUNTO AL RÍO

En la carretera que lleva de Santa Fe a Taos, hay un tramo peligroso que pasa justo al lado del Río Grande. En algunas zonas, el río está tan cerca que ni siquiera hay espacio para salir de la carretera a cambiar una rueda. Circulábamos por ese tramo de quince kilómetros cuando Amma dijo que tenía mucha sed. Pensé un momento, pero sabía que no habría ninguna tienda ni café durante kilómetros. De nuevo, Amma repitió que tenía muchísima sed. ¿Qué se podía hacer? Entonces me di cuenta de que estábamos llegando a casa de Meadow, la amiga que me había hablado de "la Madre Divina de la India" muchos años antes. Apareció el puente que indicaba el giro para entrar en su finca y, con permiso de Amma, salí de la carretera.

Hay que hablar del puente porque era muy viejo, de aspecto desvencijado, y estaba hecho de tablones de madera y gruesos cables de acero que lo suspendían sobre el turbulento río. Sabía que, aunque parecía poco sólido, un ingeniero estatal lo certificaba cada año para que los coches y los camiones pudieran pasar. Al ver el estado del puente, los monjes gritaron "¡Para!" Y así lo hice, mientras les explicaba que era seguro; pero me prohibieron que lo cruzase, de modo que aparcamos la furgoneta y todos cruzamos el puente andando con Amma.

¿Podéis imaginar la sorpresa de Meadow, Ajna y Riversong cuando vieron quién venía por el camino de entrada? Meadow llegó corriendo desde el jardín con las niñas detrás. Amma las abrazó mientras se contaba la historia de que fue Meadow quien me habló de Amma por primera vez, y Amma sonreía con complicidad todo el tiempo. Aparentemente, por pura coincidencia, acababan de preparar una jarra grande de infusión hecha con luz solar. Sacaron vasos y todos nos sentamos a disfrutar del sonido del río, la vista de los coloridos precipicios de La Barranca justo detrás de nosotros y la infusión que estaba deliciosa y saciaba la sed. Mientras veía a Meadow y sus hijas disfrutando de la dicha de la presencia de Amma, sabía que su reiterada petición de beber algo había sido solo una forma de traernos a este lugar para que pudiesen cumplirse las oraciones de Meadow de conocer algún día a la Madre Divina en persona. Con los años, he llegado a ver que esa es la forma de hacer las cosas de Amma: en lugar de realizar osados anuncios que revelarían su omnisciencia, actúa como si le hiciera falta una cosita o busca alguna excusa para orquestar los acontecimientos de tal forma que las inocentes oraciones de sus hijos puedan cumplirse, mientras oculta su verdadero poder. Hay muchas historias parecidas en la vida de Sri Krishna. De hecho, el que se esfuerce tanto por ocultar su omnisciencia es una prueba más de la humildad de Amma.

MOMENTOS DIFÍCILES

En conjunto, las cosas salieron bien en la primera gira; salvo cuando no fue así. Pero los momentos difíciles fueron mojones en el camino, pruebas enormes para mí y, en retrospectiva, etapas decisivas de mi viaje espiritual con Amma. Esos tremendos errores me volvieron más consciente del camino espiritual y me obligaron a rectificar en consecuencia.

Uno de esos momentos llegó pronto en la gira. Dennis y Bhakti Guest, de Orinda, nos habían prestado generosamente una furgoneta *Westfalia Volkswagen* para ir de Miranda al Monte Shasta. Había muchos kilómetros desde la Bay Area a Miranda, y tener un vehículo extra significaba que Amma y todos los demás tuvieran un poco más de espacio. Cuando nos pusimos en camino de Miranda al Monte Shasta, la ruta era increíblemente maravillosa, pero con muchas curvas. Mi primer error consistió en no ser suficientemente cuidadosa al escoger la ruta. Sí, en el mapa ese camino era la distancia más corta entre los dos puntos; pero, en realidad, la carretera fue una tortura para todos. Más de tres horas de tortura. Todos, salvo yo, la conductora, se marearon. Y aunque todos queríamos que aquello se terminara lo antes posible, no era posible conducir rápido en una sinuosa carretera secundaria de dos carriles.

Mientras los kilómetros avanzaban muy lentamente, mi agonía mental aumentaba en proporción directa a los gemidos que llegaban de la parte trasera de la furgoneta. ¡Si tan solo hubiera buscado una ruta alternativa más sencilla! Me prometí a mi misma que, de ahora en adelante, consultaría con los devotos locales para elegir un camino. En aquel momento no había nada que pudiese hacer salvo concentrarme en la carretera e intentar suavizar mi manera de conducir en un terreno con el que no estaba familiarizada. Pero lo peor estaba todavía por llegar.

Cuando finalmente llegamos a la zona del monte Shasta, tomé la salida errónea, porque no había escrito las indicaciones exactas que me había dado el devoto en cuya casa se alojaría Amma. ¡Glup! Decir que no estaba atenta cuando organicé esa parte del viaje es quedarse corto. Recordad que entonces no había teléfonos móviles para hacer una llamada de auxilio. Di la vuelta en la I-5 y, de algún modo, recordé que la salida era "Edgewood-Weed", y no Monte Shasta. Después de tomar esa salida, me di cuenta de que un coche que venía en dirección contraria me estaba dando las luces. Era un devoto de la zona que nos había visto. Al menos alguien estaba atento. Salí de la carretera y me detuve en una zona cubierta de hierba a esperar a que el devoto diera la vuelta para alcanzarnos.

En ese momento Amma empezó a reprenderme: ¿Sabía dónde íbamos o qué? ¿Por qué no había puesto más atención al organizarlo todo? No podía decir nada. Amma tenía razón. No había estado atenta, no me había ocupado de todos los detalles. Cuando Amma le riñe a uno de sus discípulos, las palabras tienen verdadero poder: el poder del universo. Pueden afectarte profundamente. Dejan una huella profunda. Lo hace adrede, porque quiere dejar una huella que transforme a esa persona y la haga estar más atenta en adelante. Es esencial que un buscador tenga *shraddha*, (una conciencia alerta). Sin ella, no puede avanzar. ¿Cómo va a poder transformar sus acciones, sus palabras y sus pensamientos negativos si no está lo bastante atento como para darse cuenta, ante todo, de la presencia de esas negatividades? Lo comprendía, pero parte de mí no lo aceptaba. Parte de mí sentía: "¡Anda ya! Yo no tengo la culpa. Esas cosas pasan". Quizás sucediera lo que cuento a continuación porque no podía aceptar plenamente la enseñanza de Amma.

En ese momento, los devotos ya estaban en una vía de salida y me estaban haciendo señas para que los siguiera. Metí la marcha atrás y empecé a moverme cuando de repente ¡PUM! Le habíamos dado a algo. Todo el mundo dio un grito y apagué el motor. Eché el freno de mano y salí a echar un vistazo. Entre la alta hierba había oculto un poste de metal como de un metro de alto. El parachoques trasero tenía una gran abolladura. ¿Qué hacía allí ese poste? No lo sabía, pero la imagen del impasible acero me impactó. Mente firme, avance firme. Al menos podía aprender de un poste de acero lo que no podía aprender de mi maestra. Cuando volví a la furgoneta, Amma sonreía. Me dijo que no me preocupara: les había curado el mareo a todos.

Es posible perderse en el camino; pero, en primer lugar, si hubiera prestado atención a los detalles eso no habría pasado. Aceptar lo que venga, elogio o reproche, con una mente firme: esa era la otra lección que tenía que aprender. Había rezado fervientemente para alcanzar la meta de la vida espiritual; pero para que aquello pudiera suceder tenía que perder mi sentido del ego y mi orgullo. Es un deporte duro, sin duda; pero es lo que hace falta para llegar a la meta. No aprenderemos si nos dan caramelos cuando lo estropeamos todo.

Viendo que una discípula no había estado atenta sino que mantenía su autocomplacencia después de que ella la hubiera señalado, Amma solo hacía su trabajo siendo estricta en esos asuntos. Amma se toma muy en serio su papel de maestra. Cuanto más añoremos llegar a la meta, más estricta será para desarraigar nuestras negatividades. Pero nosotros también debemos desempeñar igualmente bien el papel de discípulo, con seriedad y sinceridad, para cambiar nuestro carácter. Si Amma nos llama la atención sobre algo que hay que corregir, debemos estar dispuestos a cambiarlo. De lo contrario, estamos malgastando el tiempo de todos.

Me parecía que estar con Amma sacaba lo mejor y lo peor de cada persona. La presencia de Amma puede compararse a echar agua en una botella vacía. Al principio, sale la suciedad. Solo después el agua limpia seguirá limpia. El proceso puede tardar mucho en completarse, dependiendo de cuánta suciedad haya en la botella, incluso múltiples vidas. Hacen falta gracia e intuición para entender lo que está sucediendo, afrontar la suciedad y arrojarla para siempre.

Amma cumplirá el objetivo por el que hemos venido a ella —nos llevará a la meta— estando atenta a la mente dispersa de su alumno; pero, como sucede con los malos hábitos y los que aprenden despacio, me haría falta otro gran golpe en el camino para enterarme de verdad.

Sucedió en Nuevo México. Amma había llegado a Taos y muchas personas asistieron al programa de tarde en el auditorio Harwood. El lugar donde nos quedábamos esa noche estaba en las afueras, en Taos Mesa, y la persona que había ofrecido su casa a Amma y el grupo no estaba en el pueblo en ese momento. Yo había delegado la preparación de la casa en una pareja del lugar mientras me ocupaba de los detalles del programa de la noche.

Sin embargo, cuando llegamos por la noche, después de un largo *darshan*, estaba claro que la casa no estaba lista. Aquella noche terminó siendo la peor noche de toda la gira para mí.

Cuando aparcamos, no salió nadie a recibirnos: la casa estaba cerrada y oscura. Me preguntaba si me habría equivocado de lugar; pero no, aquí venía la pareja en la que había delegado la preparación, en coche por el camino de entrada. Sin embargo, mi alivio duró poco. Cuando nos llevaron al interior de la casa, le eché un vistazo a la cocina. Había platos sucios en el fregadero. Al llevar a Amma a la habitación, me abochorné al ver que ni siquiera estaban hechas las camas. La casa no estaba preparada ni siquiera para recibir a un invitado común, y mucho menos a la Madre Divina. No es que aquellas cosas le importaran a Amma lo más mínimo; pero yo estaba mortificada por haber desatendido totalmente mi obligación de hacer una última revisión y comprobar que el alojamiento se hubiera preparado bien. No era una nimiedad; pero no había nada que pudiera hacerse a las tres y media de la madrugada. Amma soportó esa experiencia sin hacer ningún comentario, se sentó a leer el correo y a cenar.

Amma podía ver mi conciencia interior y observó que no hacía falta una reprimenda. Ya había aprendido lo que tenía que aprender. Saber que mi falta de atención había dejado prácticamente en la calle a Amma me resultaba insoportable; pero la joven que ya no está con Amma no tuvo piedad. Tengo que admitir que, aunque sentía remordimientos, al escuchar sus hirientes palabras todavía me quedaba una pizca de la actitud de "lo hago lo mejor que puedo".

La buena noticia es que no volvió a suceder. La mala noticia es que el día siguiente culminó en una serie de elecciones que hicieron que la lección fuera aún más fuerte. Dejando atrás la casa sucia y mal equipada, fuimos a un bello lugar en los montes Lama, unos veinticinco kilómetros al norte de Taos. Al menos la carretera no era sinuosa, pero era larga. Muchos devotos fueron en coche desde Santa Fe y Colorado solo para asistir a ese programa del monte Lama, que era conocido por su tranquilidad, donde un maestro sufí había pasado tiempo impartiendo enseñanzas y tenía su tumba.

Todavía desconcertada por el desastre de la noche anterior, me puse en contacto con una amiga, Rita Sutcliffe, para saber si su casa estaba disponible después del programa de la mañana para que Amma descansara. Accedió de todo corazón y volvió corriendo a casa, perdiéndose el maravilloso programa de *darshan* de la mañana para asegurarse de que todo estuviera perfecto para Amma y el grupo. Segura de que el fiasco de la noche anterior no se repetiría, no me di cuenta de que estaba haciéndome cargo de todo sin consultárselo a Amma y creando otra zona ciega que después provocaría problemas mayores. En aquel momento debí decirle a Amma que se estaba preparando una casa alternativa en el pueblo, cerca del programa de la tarde; pero no lo hice porque pensaba que tenía la situación controlada: todo en orden.

Sobre el mediodía todavía había muchas personas esperando para el *darshan* cuando un hombre se me acercó. Se presentó como Richard Schiffman y dijo que Amma había accedido a ir a su casa, que estaba más arriba de la montaña, antes del programa de la tarde. Aunque sabía que se estaba preparando la casa de Rita para Amma, le pregunté por su casa, sobre todo por educación. Me dijo que era una pequeña cabaña rústica sin agua corriente, unos veinte minutos más arriba en la montaña por un camino de tierra. ¡Qué horror! De ninguna manera iba a llevar a Amma y al grupo allí después de lo que había pasado la noche anterior. Le expliqué que ya se estaba preparando otra casa y que no sería posible llevar a Amma a su cabaña. Error número dos: debí consultarlo con Amma para enterarme de lo que le había prometido a Richard.

El programa de la mañana terminó, bajamos las curvas de la carretera del monte Lama y tomamos la carretera que iba hacia el Sur. Habíamos recorrido poco más de un kilómetro cuando Amma preguntó dónde íbamos. Cuando le expliqué los nuevos planes, Amma me preguntó que por qué no íbamos a casa de Richard, si es que no me había dicho que Amma quería descansar allí. Le dije que sí; pero que como no tenía agua corriente y estaba veinte minutos más arriba por un camino de tierra y en otra dirección, había decidido que la casa del pueblo era una opción mucho mejor. El monje que ahora es Swami Purnamritananda había traducido todo el rato, pero ahora se detuvo:

—¿Que hiciste qué, Kusuma? —me preguntó suavemente.

Repetí lo que había dicho pensando que no lo había oído bien. Se quedó en silencio, sin querer traducir esa falta de discernimiento.

A Amma no le hacía falta que le tradujeran lo que había pasado y el silencio de la noche anterior habría sido un grato bálsamo para la reprimenda que recibí. En mis prisas por corregir el error que había cometido antes, cometí una metedura de pata aún mayor: se me había olvidado que lo que realmente le importa a Amma es el crecimiento espiritual, el mío y el de todos los demás. Naturalmente, sabía muy bien que el objetivo de vivir con un *Guru* es transcender el ego y el sentido del yo como un individuo limitado y que eso no se logra tomando decisiones en lugar del *Guru*.

Peor aún: Amma le había dado a Richard su palabra de que visitaría su casa y ahora, por mi irreflexiva acción, había impedido que Amma cumpliera el deseo del devoto. Amma había dado su palabra y yo había impedido que la cumpliera. No podía cohibirse a la hora de mostrarme el error que había cometido. Si no abandonaba esa costumbre, seguiría creando problemas para mí misma y para los demás. Amma iba a cortar esa tendencia de raíz inmediatamente.

De alguna manera, estuvo bien que fuera conduciendo, porque si hubiera estado sentada junto a Amma mirándola creo que me hubiera muerto. La lección me golpeó como una bola de demolición. Amma dijo que no seguiría con la gira si yo estaba al cargo, que otra persona debía ocuparse de ella. Nadie respiraba. Cuando llegamos a la casa del devoto, todos salieron corriendo a recibir a Amma con sonrisas inocentes y una bella guirnalda. Uno de los monjes salió y les explicó que Amma entraría en seguida, que estábamos acabando de hablar.

Salí arrastrándome del asiento del conductor y me puse de pie delante de Amma suplicándole que me perdonase. Apreciaba que Amma fuera tan sincera en su papel de *Guru* y esperaba convertirme en una estudiante más receptiva. Si nos estamos ahogando en el mar y el socorrista viene a rescatarnos, ¿qué sentido tiene que nos subamos encima de él y gritemos "¡que alguien me salve!"?. Entrégate a él y déjale que te lleve a la orilla. Amma me estaba salvando y lo mínimo que podía hacer era dejarle hacerlo. Le prometí solemnemente que le consultaría todos los detalles relacionados con la gira, especialmente si alguien venía a decirme que Amma le había dicho que visitaría su casa.

La ira de un verdadero maestro como Amma puede compararse con una cuerda que se está quemando: parece sólida, pero cuando la tocas, se hace cenizas. Muchas veces he visto a Amma aparentar estar enfadada un momento y enseguida estar radiante y riéndose. O reñir con severidad a un discípulo, para mirarle con amor y preocupación en cuanto aquel se da la vuelta para irse. Incluso en aquellos días, después de solo unos pocos años con Amma, *sabía* que Amma nunca se enfada realmente y que representa esa ira por el bien de los discípulos. Cuando quiera que sus discípulos sean conscientes de que han cometido un error, ellos lo sentirán. Pero Amma no se aferra a las cosas: cuando la lección está aprendida o, al menos, se ha recibido sin resistencia interior, se ha acabado: su aparente ira se desvanece, igual que la llama de una vela apagada por el viento. La ira de Amma puede parecer feroz; pero ¿no tiene una madre que reñir a sus hijos para que estén alerta y atentos y no cometan errores mayores en el futuro? De hecho, las reprimendas de Amma, suavizadas por su amor maternal, han creado un grupo de discípulos principales que son increíblemente prácticos, cercanos y realistas respecto a sus propios defectos. Son capaces de reírse de sí mismos incluso después de todos estos años.

PUNTOS IMPORTANTES EN LAS ROCOSAS DEL SUR

De algún modo, encontré la fuerza para seguir avanzando con la gira. ¿Qué otra opción tenía? No podía pensar demasiado en mis errores. En realidad, se trataba de no cometerlos de nuevo.

Recé por llegar a sentirme agradecida de que Amma me estuviera señalando en qué podía mejorar y no ser alguien que se resistiera a las enseñanzas de Amma; pero no era fácil. El ego es un patrón difícil de eliminar una vez que se acomoda.

Había una joven, que después se fue del *ashram*, que era conocida por su intenso amor a Amma, su dedicación y su espíritu de sacrificio; pero, al mismo tiempo, los que la conocían bien eran dolorosamente conscientes de su inmadurez emocional y sus críticas injustificadas de los demás, incluso a la cara, con una lengua afiladísima. Era testaruda, incapaz de escuchar cualquier crítica sobre sus defectos y se resistía a dar los pasos necesarios para mejorar. Era una extraña combinación de intransigencia y devoción. Pero, ¿por qué resistirse a cambiar? Yo no quería ser así, eso solo me impediría avanzar en el camino. Además, era doloroso y embarazoso cometer el mismo error una y otra vez.

LA VISITA A LA CASA DE HANUMAN

Una parada que no estaba prevista fue lo que me hacía falta para volver al buen camino. Como todavía estábamos en la zona de Taos, yo había estado contando historias de lugares especiales, y el templo de Hanuman era mi favorito. Amma se animó mucho e insistió en desviarse para ir a presentarle nuestros respetos a Hanuman, el mayor devoto del Señor. Así que fuimos al templo y aparcamos discretamente. Amma entró en el santuario y se sentó en silencio en mitad de la sala. El *murti* [la estatua de la deidad] de mármol blanco es de Jaipur y representa a Hanuman volando por el aire con una maza en el hombro y el anillo del Señor Rama en la mano. La cara de Hanuman tiene una expresión de devoción y paz. Amma se sentó a contemplar su rostro con evidente deleite. La estatua es una obra maestra de gran tamaño, pesa dos toneladas y está colocada espléndidamente en un amplio altar lleno de flores, objetos de bronce para la *puja*, velas encendidas y cuencos con *prasad*. De algún modo, se corrió la voz y empezaron a aparecer devotos de la nada. Los monjes trajeron el armonio y un *mrdangam* [un tambor de dos caras] y Amma se puso a cantar: "Sri Rama Jaya Rama", seguido de "Sita Ram Bol" y terminando con "Mano Buddhyahamkara". Amma dio *darshan* a las treinta almas o así que tuvieron la gran suerte de estar allí y salimos del templo tan discretamente como habíamos llegado.

EL ENCANTO DE SANTA FE

La familia Schmidt había sido excepcional desde que los conocí en 1986 para proyectar el vídeo *Un día con la Madre* en su casa. Steve era un importante abogado y Cathy (ahora Amrita Priya) era profesora de música, y son de las personas más prácticas, trabajadoras y alegres que conozco. Sus hijos pequeños, Sanjay y Devi, eran encantadores y muy curiosos. Su casa de adobe, situada en las estribaciones montañosas de la zona virgen de Santa Fe, tenía una sala de meditación que podía acomodar a veinte personas. Me di cuenta enseguida de que la energía era muy tranquila, porque habían meditado mucho. Era la misma familia que me había llamado espontáneamente a Boston, justo antes de la gira previa, para hacer una generosa donación.

No me sorprendió en absoluto cuando vi que una mañana Amma empezaba a mirar todas las habitaciones de la casa, una señal de que algo cósmico se estaba preparando. Nos llamó a todos al salón grande y preguntó si allí se podría colgar una cortina para crear un pequeño templo. La expresión del rostro de Steve y Cathy era de puro gozo.

Empezamos inmediatamente, recogiendo la extensa colección de muñecas kachina que había sobre la chimenea, sacando los muebles y eligiendo la silla perfecta para que Amma se sentara. De algún modo, se corrió la voz y a la noche siguiente hubo que organizar a la multitud de personas que se agolpaban en la finca, tanto para aparcar como para poder sentarlos a todos. Recuerdo que observé la reacción de Steve varias veces esa noche: cada vez parecía más asombrado y lleno de gozo. Cathy era una anfitriona amabilísima que no dejaba de servir a los devotos hasta que se hubieran cubierto todas sus necesidades, y sigue siendo así en la actualidad.

Su finca terminó siendo el hogar de "El Centro Amma de Nuevo México" unos años más tarde y sigue siendo uno de los *ashrams* residenciales de Amma en el exterior, conocido por sus muchos proyectos de servicio a largo plazo, como dar de comer a los sin techo en "La cocina de Amma" y enseñar meditación en las cárceles. Del mismo modo que el *ashram* de San Ramon, el Centro Amma de Santa Fe también mantiene una fuerte conexión con la Madre Naturaleza que se expresa en el cultivo de huertos de verduras orgánicas y un invernadero solar. También ofrece importantes seminarios de formación comunitaria sobre el cultivo de verduras en un ecosistema desértico de alta montaña.

SOLSTICIO DE VERANO DE 1987

El 21 de junio se organizó un programa especial en una pradera junto al río Pot Creek, al este de Taos. El lugar era propiedad de una artista local, Jameson Wells, que había esculpido en granito negro una estatua de cuatro caras que era su representación de la diosa Kali. Se anunció "Una celebración del solsticio de la Madre Divina" y pintamos un triángulo rojo y un punto central en siete placas blancas cuadradas que representaban los siete *chakras* [centros energéticos del cuerpo] sagrados. Se pusieron en la entrada, junto a la estatua. La familia había montado un toldo amarillo y blanco que diera un poco de sombra, pero había tanta gente que el sol de mediodía no daba tregua. Amma no estaba del todo satisfecha con el diseño de los siete *chakras* y nos pidió, en lugar de utilizarlos, nos apretujáramos debajo del toldo todo lo que pudiéramos y visualizáramos a la Madre Divina en nuestro interior. Entonces no lo sabía, pero eso era el comienzo de la *Devi Puja* (adoración de la Madre Divina), que más tarde se convirtió en la *Atma Puja* (adoración del Ser) que precede todos los programas de *darshan* de *Devi Bhava* de Amma en el extranjero. Amma les consultó algo a los monjes mientras los devotos se reagrupaban bajo el toldo lo mejor que podían. Amma explicó que recitaríamos los ciento ocho nombres de Devi al estilo tradicional, en el que una persona recita un nombre y los demás responden. Nos instruyó para que realizáramos la adoración mentalmente. Dijo que la *manasa puja* [adoración mental] podía ser incluso más poderosa que la adoración exterior si se hacía con una actitud de entrega y con entusiasmo. El monje recitaría el primer nombre y nosotros responderíamos *Om para-shaktyai namaha* —"me inclino ante la Energía Suprema bajo la forma de la Madre Divina"— mientras llevábamos la mano derecha al corazón y tomábamos una flor para ofrecérsela a Devi. Ese gesto representa una ofrenda desde el corazón a la Divinidad. Amma también dijo que, si alguien no quería imaginarse a la Madre Divina, sencillamente podía imaginarse un ideal como la paz mundial o la Madre Naturaleza. "Creed en vosotros mismos y avanzad por el camino", decía siempre Amma.

Todos habían prestado mucha atención a la traducción y practicamos juntos varias veces, con Amma dirigiéndonos, en la respuesta de *Om para-shaktyai namaha*, coordinándola con la ofrenda del loto del corazón. Era muy poético, espontáneo y claro. Cuando la ceremonia terminó, el ambiente era trascendente. Nadie había experimentado una cosa igual, yo incluida. Después Amma cantó unos pocos *bhajans* —"Kali Durge Namo Nama", "Para Shakti,Param Jyoti"— y dio *darshan* a todos. Toda la tarde transcurrió con gran felicidad y pronto llegó la hora de despedirse del entrañable grupo de devotos, muchos de los cuales siguieron a Amma a Madison unos días después.

ESPLÉNDIDO MADISON

Los memorables momentos de la gira previa en Madison habían preparado el terreno para el extraordinario programa de Amma del primer año. Parecía que fuéramos a visitar a viejos amigos cuando llegamos a la granja de veinticinco hectáreas de la familia Lawrence en los ondulantes bosques de las afueras de la ciudad de Madison. Y es cierto que eran viejos amigos: Barbara Lawrence fue la primera profesora de *hatha yoga* de Swami Paramatmananda y le había dado su primer ejemplar de la *Bhagavad Gita*, más de veinte años antes. Su hija, Rasya, que ahora vive con Amma en la India, recuerda que su madre decía de su joven estudiante de yoga: "Sería un buen monje".

Habían plantado alfalfa, y Amma subrayó la majestuosa belleza de los arces. El granero de principios de siglo de los Lawrence, que se utilizaba para ordeñar, se transformaría en un templo para el *darshan* de *Devi Bhava* de Amma unos días más tarde. Al abrir las puertas del granero, después de una intensa sesión de limpieza en la que ayudaron decenas de nuevos devotos, la increíble belleza del escenario del *Devi Bhava* rivalizaba con los espléndidos arces.

Mary La Mar y Michael Price, también de Madison, organizaron un maravilloso *darshan* de Amma durante el día en su espacioso hogar. Ellos eran la otra familia que se había puesto en contacto conmigo en Boston en mi momento de crisis antes de la gira. Eran amables por naturaleza, y se ocuparon de todas las necesidades de quienes fueron a conocer a Amma. Michael y Mary cumplen a la perfección el ideal de hospitalidad del Medio Oeste.

El torrente de amor de esa parada en el corazón de la gira me hizo llorar muchas veces. La comunidad sufí organizó uno de los programas de tarde de Amma en las *Puertas del Cielo* y todavía puedo recordar al grupo "Jaya" cantando con toda el alma. Uno de los hijos de una familia que asistió al primer pase de vídeo que hice en 1986 tenía entonces ocho años. Vinay es uno de los residentes del *ashram* de Amma de la India desde hace muchos años y dedica todo su tiempo y energía creativa a "Abrazando al Mundo", la organización que agrupa la enorme red de actividades benéficas de Amma por todo el mundo.

EL FINAL DE LA PRIMERA GIRA ESTADOUNIDENSE

Podría seguir y seguir contando historias de la primera gira por Estados Unidos, pero las dejaré para otro volumen. La alegría de Amma con sus hijos era la melodía subyacente constante. La profunda belleza que había llevado a la vida de muchísimas personas era transformadora. Casi había llegado el momento de que Amma volase a París y concluyese la última etapa de su primera gira mundial. El final de esta parte era Connecticut, en casa de la familia Devan. Para mí era insoportable. Había organizado la gira con un presupuesto pequeñísimo. Se habían cubierto todas las necesidades, pero se había gastado hasta el último penique. No tenía visado para volver a la India. Amma me animaba a ir a Europa, pero sabía que no era posible.

Por la mañana, le conté a uno de los monjes que buscaría trabajo en algún lugar para pagar la deuda, como había prometido, y que había tenido que renunciar a mi visado de entrada para poder volver y organizar la gira de Estados Unidos. Con el lío de la gira no había tenido ocasión de contarle a Amma todos los detalles. Además, era un asunto que me bajaba un poco la moral. Tal como habían sucedido las cosas, era una elección consciente que había realizado y era lo que había estado dispuesta a sacrificar para asegurarme de que hubiera gira. Mi satisfacción era ver a Amma con sus hijos. ¿Por qué preocuparse de ello ahora? Estaba segura de que seis meses después podría volver a la India y, mientras tanto, había mucho que organizar para la gira del año siguiente, que Amma ya les había confirmado a los devotos.

Cuando se enteró por los monjes de lo que había pasado, Amma tuvo otra idea. Me llamó para que me sentara con ella. Me pidió que le contara mi historia al grupo de devotos que se había quedado esos dos últimos días para despedirse de Amma. Dijo que era importante para mí contar la historia y después dejar que pasara lo que tuviera que pasar. Así que eso fue lo que hice. Unos pocos nos sentamos y les conté mi historia. Lo importante que había sido para mí traer a Amma a conocer a sus hijos. Que Amma había cambiado mi vida desde que la conocí y quería eso mismo para los demás. Pero también que traer a Amma a Estados Unidos había intensificado mi compromiso con mi propia vida espiritual, al ver lo mucho que hacía falta que un Maestro Iluminado viniera para llevarnos a la Verdad. Hablé diez o quince minutos como mucho, manteniendo la mirada baja todo el tiempo. No podía soportar el ver la posible reacción de la gente. Cuando terminé, me postré ante el círculo de personas y me levanté excusándome. Me di cuenta de que algunos se secaban las lágrimas. De inmediato, me invitaron a volver a la Bay Area a quedarme en sus casas, y prometieron que me ayudarían en todo lo que pudieran. Querían formar parte de la organización del año siguiente y estaban dispuestos a empezar en cualquier momento.

Uno de los devotos salió para organizar, sin más dilación, mi viaje de vuelta con su familia.

Cuando volví a la habitación de Amma para contarle lo que había sucedido, ella estaba esperándome para que le sirviera la cena. Mi rostro expresaba tristeza y desamparo, y Amma dijo traviesamente:

—¿Por qué tan triste?

Le respondí:

—Porque Amma se va.

Amma respondió inmediatamente:

—¿Adónde?

Amma siempre dice que donde hay amor no hay distancia. Y había experimentado esa verdad de maneras profundas; pero, en aquel momento, sentía la desesperación de ver a Amma marcharse sin saber cuándo volvería a "verla" otra vez.

CAPÍTULO 8

Dejarse llevar

Pude volver a la India mucho antes de lo que esperaba. Después de que Amma se marchara a Europa, volé de regreso a la Bay Area con algunos devotos. Mi plan era ganar el dinero que me hacía falta para pagar la deuda lo antes posible y pasar todo el tiempo que pudiera con los devotos para mantener lo que Amma había creado en la gira. Iniciamos el primer grupo de *satsang* del *M.A. Center*, que se reunía todas las semanas en casa de Hari Sudha (Tina), en Berkeley. La noche empezaba con un vídeo de la gira de Amma. Después, hacíamos los ciento ocho nombres de la Madre Divina, el *Lalita Sahasranama*, que habíamos recitado con Amma todo el verano. Cantábamos *bhajans* casi una hora y terminábamos con quince minutos de meditación. Después, disfrutábamos de los platos que habíamos llevado entre todos y la gente se quedaba hasta tarde para escuchar historias de Amma y hacer preguntas. Los devotos venían de toda la Bay Area para participar en los *satsangs* semanales de Berkeley y algunos me invitaban a hacer lo mismo en sus hogares de Marin, Orinda, la South Bay o San Francisco. Era una época de espontaneidad y una lluvia de entusiasmo. Todos querían colaborar para asegurar que Amma volvería al año siguiente. En poco tiempo se habían creado grupos de *satsangs* semanales en todos esos lugares.

El trabajo que pensaba conseguir no llegó, y algunos devotos que insistieron en permanecer en el anonimato liquidaron mis deudas. También me compraron un billete de avión para volver a la India. Como todo eso sucedió por la gracia de Amma, acepté agradecida. A mediados de agosto había vuelto con Amma. Mi *sadhana* y mi acogedora cabaña junto al *Kalari* eran como viejos amigos que me daban la bienvenida a casa.

CELEBRACIÓN DEL 34 CUMPLEAÑOS DE AMMA

En la India, es costumbre celebrar el cumpleaños el día de la estrella de nacimiento del mes en que se ha nacido. Así que el 10 de octubre celebramos el trigésimo cuarto cumpleaños de Amma. La estrella de nacimiento de Amma, *Kartika*, estaba en lo alto, y toda la sala de oración del casi terminado templo de Kali estaba llena de miles de devotos, tal y como Amma había presagiado. ¿Cómo había sabido Amma que la construcción del templo de Kali debía empezar en aquel momento exacto de principios de 1986? Ese detalle siempre me ha dejado perpleja. En aquella celebración, mientras se realizaba la *pada puja*, se recitó por primera vez el "Mata Amritanandamayi Astottara Sata Namavali", o los ciento ocho nombres de Amma, compuestos por Ottur Nambudiri, un anciano residente, *brahmacharin* (monje célibe) de toda la vida y poeta laureado. Ese día amaneció una nueva era para Amma y sus hijos. Podía percibirse un cambio desde la soledad de los años anteriores y, aunque Amma siguió siendo la misma alma pura de siempre, preocupándose por los devotos y llevando paz y alegría a todo el que acudía a ella, ahora era, más que nunca, la Madre del mundo.

DE GIRA CON AMMA

Amma y un número cada vez mayor de residentes del *ashram* empezaron a hacer giras más amplias por la India, llegando a todas partes de Kerala y Tamil Nadu. El minibús se nos había quedado pequeño y nos donaron un autobús más grande. En noviembre, viajamos a Mumbai en la primera visita de Amma a esa ciudad. Sentada detrás de Amma hora tras hora, día tras día, observando en silencio cómo su presencia divina llevaba belleza al rostro de quienes pasaban por sus amorosos brazos, me maravillaba su resistencia. Incluso al final del programa, Amma iba directamente a cualquier habitación que le hubieran preparado y se ponía a leer todo el correo, se reunía con los organizadores locales o escuchaba a los residentes del *ashram* que necesitaban orientación. El incansable entusiasmo de Amma no tenía límites. Cada uno de nosotros ayudaba en alguna cosita, pero ninguno podía seguirle el ritmo a Amma. Me sentaba durante horas moviendo un abanico si hacía calor, intentando convencer a Amma de que bebiera un poco de agua y teniendo a mano una toalla para la cara. Al final del *darshan*, que había durado todo el día, cuando ya estaba lista para irme a descansar, Amma se montaba en el coche que la esperaba para ir a visitar diez casas hasta que amanecía. Siempre creando un ambiente de risas y alegría, pero observando la mente de los discípulos para corregir cualquier traspié. Amma era un mar de compasión, dentro y fuera del escenario.

Todos los programas de la India se organizaron muy bien y muchas personas pudieron conocer a Amma. Aprendí algunas cosas importantes observando cómo Amma orientaba a los organizadores locales: siempre hay que aceptar a las personas donde quieran ayudar, nunca decirle que no a nadie, recibir siempre a todos con una sonrisa y asegurarse de que se les había dado comida y que tenían un lugar donde descansar. Después de volver a Kerala, muchos más devotos empezaron a hacer una peregrinación al *ashram* y todas las habitaciones del edificio del templo de Kali se llenaron en cuanto estuvieron preparadas.

INTROSPECCIÓN

Había vuelto a la India con un visado de turista de tres meses y en noviembre tendría que solicitar una prórroga de otros tres meses, que en aquella época era posible. Solo esperaba que la Oficina de Registro de Extranjeros me hubiera perdonado y poder contar de nuevo con su simpatía, porque no podía soportar la idea de tener que irme al cabo de noventa días. Por eso, sentía que cada día era un regalo y no daba nada por supuesto. Todas las noches hacía introspección e intentaba comprender con claridad mis defectos. ¿Había sido paciente? ¿Había sido amable? ¿Había estado lo suficientemente atenta y repetía constantemente el *mantra*?, porque esas habían sido mis zonas problemáticas en la gira. ¿Había ofrecido el *archana* adecuadamente? Si no, lo recitaba una vez más antes de irme a dormir. ¿Había ayudado a alguien, aunque fuera en algo pequeño? ¿Había recordado a la Madre Tierra y hecho algo por ella? ¿Se había acercado mi corazón hoy más a Amma? En la gira, Amma me había instruido de esa manera y sabía que era tan importante como beber agua.

La joven que ya no está en el *ashram* parecía tener celos de mí, y yo intentaba que aquello no me afectara. Mi servicio era una ofrenda de amor y quería estar atenta y no permitir que mi propio orgullo alimentara esa dinámica. No quería entrarle por el lado malo, porque había observado que podía ponérselo difícil y obstaculizar el acceso a Amma a aquellos que no le hacían gracia. Era inevitable que alrededor de Amma hubiera ira, celos, orgullo y juicios. Esas eran las mismas negatividades de las que nos estábamos intentando purificar. Hacer introspección me ayudó a ver mi papel en las situaciones y aclarar las cosas. Cuando le conté a Amma la situación que se estaba fraguando, ella me dijo que mi obligación era trabajar para mejorarme a mi misma y que preocuparme de lo que otra persona hacía no lo era. Amma lo dejó muy claro.

Amma usaba a menudo la metáfora de un cilindro de pulir lleno de piedras para describir las situaciones que experimentamos mientras intentamos llegar a la meta viviendo en una comunidad espiritual. Los bordes ásperos de una piedra frotan los bordes afilados de las demás. Girando y girando en el cilindro, todas las piedras acaban perfectamente pulidas.

UNA NUEVA SEVA

Amma había cambiado mi *seva* de cocinar por el de corregir los nuevos libros que iban a publicarse en inglés. El primero fue *Mata Amritanandamayi: Una biografía*; y después *Para mis hijos*, una colección de enseñanzas de Amma organizadas por temas. También ayudé con *En el camino de la libertad*, escrito por Swami Paramatmananda. Además, cada mes enviaba nuevo material para el boletín *Amritanandam* y la portada del nuevo número con la foto de Amma a los devotos del *MA Center*, que la fotocopiaban y se la enviaban a unos cien suscriptores. Le pregunté a Amma si podía sentarme con ella y hacerle preguntas, que respondía en el momento y que yo grababa, para escribir los artículos. Cada número estaba lleno de sabiduría, dulzura y humor. Amma era puro *satsang* de sabiduría espiritual y sus charlas tomaban forma, sin esfuerzo, en el momento. No había intermediarios, solo Amma, igual que sucede en la actualidad.

LAS SERIES "AMRITANJALI"

Las grabaciones de todos los *bhajans* se hacían en un estudio improvisado que se creó en la casita que un devoto holandés había construido y que es donde, en la actualidad, se encuentra la clínica ayurvédica *Vishuddhi*, junto a la entrada norte del *ashram*. Todo se insonorizó al máximo. En la habitación de al lado se instalaron magnetófonos. Incluso en aquellos días, cuando Amma se sentaba a grabar, lo hacía durante una o dos semanas. Ella y todo el *ashram* se sumergían completamente en el proceso. Se creaba un ambiente increíblemente emotivo después de pasar horas y horas sentados y cantando con Amma. En un periodo de unos tres años, se grabaron diez volúmenes de *bhajans* para la serie original de *Amritanjali*. Cuesta imaginarlo, pero hasta ahora, en 2012, Amma ha grabado más de mil canciones en treinta y cinco idiomas.

La venta de los casetes permitió que Amma emprendiese proyectos de servicio para los pobres y los necesitados, que es a lo que dedica su vida. Las bellas grabaciones de Amma y los residentes del *ashram* no solo dieron a los devotos la posibilidad de escuchar los poderosos *bhajans* de Amma cuando estaban lejos del *ashram*, sino que además sus enseñanzas estaban presentes en todas las canciones, recordándonos constantemente el camino para llegar a la meta. Escribiera quien escribiera las canciones, todos los beneficios de la venta se destinaban al lanzamiento de algunos de los primeros proyectos de servicio originales, que siguen en marcha en la actualidad, como el dispensario médico gratuito y la clínica de atención primaria, becas paras estudiantes necesitados y el rescate de quinientos niños abandonados en un orfanato de un pueblo cercano que estaba en bancarrota.

MI CANCIÓN

Salían nuevas canciones todo el tiempo. Como el ambiente del *ashram* era tan propicio para componer himnos devocionales, la corriente de música no tenía fin. Seguí escribiendo algunas canciones de vez en cuando, pero era demasiado tímida para cantarlas. Una noche, Amma se levantó después de cantar *bhajans* en el *Kalari* para ir a dar una vuelta. Mientras se alejaba, nos dijo que cantáramos. Cuando me llegó el turno, me incliné hacia la persona que tocaba el armonio y susurré "Iswari Jagad Iswari". Era mi estreno después de haber cantado "Rain, Rain, Go Away" tantos años atrás. Mientras escuchaba las primeras notas, me tranquilicé, y después canté con toda la devoción y la concentración que pude.

Había cantado esa canción muchísimas veces mientras viajaba para organizar las giras mundiales y tenía las cinco estrofas grabadas en la memoria. Todos cantaban el estribillo, pero yo era la única que cantaba las estrofas. ¡Qué sensación de dicha cantar una canción de Amma! Años más tarde, me enteré de que Amma estaba sentada entonces cerca de los escalones de entrada de la casa de su familia y preguntó:

—¿Quién está cantando?

Y la persona que estaba sentada a su lado respondió:

—Kusuma.

A lo que Amma replicó:

—¿Pero no me habíais dicho que no sabía cantar?.

iswari jagad-iswari paripalaki karunakari
sasvata mukti dayaki mama
khedamokke ozhikkanne

Oh Diosa, Oh Diosa del Universo,
Oh protectora, Oh dadora de Gracia y Liberación eterna,
por favor líbrame de todas mis penas...

PLANEANDO LA GIRA DE ESTADOS UNIDOS DE 1988

En febrero, era el momento de volver a Estados Unidos a preparar la segunda gira de verano de Amma. Amma había aceptado invitaciones para visitar dos nuevos lugares: Boulder, en Colorado, donde vivía la hermana de Swami Paramatmananda, y Temple, en New Hampshire, donde una familia de devotos, Jani y Ganganath McGill, tenía un centro de terapias naturales, además de las otras doce ciudades que ya estaban programadas. Amma también aceptó mi sugerencia de organizar retiros de meditación en varios lugares, así que había mucho que planificar. Ese año no hacía falta gira previa; pero antes iría a visitar cada parada y a reunirme con los devotos para organizar la gira de Amma por

Estados Unidos de 1988. Fuimos juntos a buscar salas y posibles lugares para hacer retiros. ¡Cómo habían cambiado todos en un año con Amma! Todos estábamos muy unidos por un objetivo común y entusiasmados sabiendo lo que significaba para Amma el venir por segunda vez.

QUE PASE LO QUE TENGA QUE PASAR

En cada ciudad y cada pueblo que visité se programaba un pase de *Un día con la Madre* y preparaba una cena benéfica para recaudar fondos para la gira. A veces, músicos y actores locales organizaban una actuación benéfica, o artistas y profesionales de la localidad realizaban una subasta ofreciendo su arte o sus servicios. Las personas que tenían medios económicos para contribuir lo hacían voluntariamente. No se decía nada sobre posibles aportaciones económicas. Si la gente preguntaba si se podían hacer donativos, solo me apetecía dar una sencilla explicación sobre el *ashram* de Amma de la India y las actividades benéficas que ya se estaban llevando a cabo. Incluso en la actualidad, en una sala de mil metros cuadrados es posible que solo haya dos cajitas de donativos. Una pregunta que se hacía frecuentemente era "¿dónde puede hacerse un donativo?", porque nunca estaba claro.

Se me había ocurrido la idea de imprimir sobres para la ceremonia de *Devi/Atma puja*, que se celebraba la última noche del programa de Amma en cada ciudad. Se hizo para responder las peticiones de muchísimas personas que querían dar discretamente un donativo al final de la visita de Amma. Todos los programas eran gratuitos y el importe de los retiros se mantenía a precio de coste, proporcionando alojamiento y comida a todos los participantes durante tres días. Incluso en la actualidad, en una época en la que abundan los seminarios espirituales caros, los retiros de Amma siguen siendo asequibles. Lo organicé todo con un presupuesto reducidísimo y, de alguna manera, siempre se recibían suficientes contribuciones para cubrir los gastos: lo que hacía falta para alquilar las salas, la comida, un poco de publicidad y los gastos de viaje. Las palabras de Amma: "No pidas nada y todo vendrá" siempre se hicieron realidad.

PADA PUJA Y ARATI

Añadí dos prácticas tradicionales al programa de cada día: lavar los pies de Amma cuando entraba en la sala y hacer el *arati* [mover alcanfor ardiendo delante de la deidad] al final del programa de la tarde. A Amma no pareció gustarle mucho la idea; pero cuando insistí en que los devotos serían muy felices de poder expresar su amor y su devoción, Amma finalmente accedió. Se usaba una sencilla bandeja de bronce para el *arati* y los artículos que se utilizaban para lavarle los pies a Amma también eran sencillos, de acero o de bronce. Cuando visitaba las distintas ciudades, yo revisaba los preparativos de ambos rituales devocionales. Sentía que todos los hijos de Amma debían tener la oportunidad de hacerlos si querían, porque les acercaría inevitablemente a Amma. Sería un recuerdo para toda su vida. Los mantuvimos muy sencillos; pero se les explicó el significado profundo y todos pudieron hacerlos.

Esas ceremonias todavía se realizan en las giras mundiales de Amma y han dado muchísimas alegrías a los devotos. En el camino del amor, mediante el culto amoroso, el constante recuerdo de nuestro amado acaba despertando nuestra Unidad. No es que al *Guru* le haga falta ese culto. Amma dice a menudo que al Sol no le hace falta la luz de una vela para brillar. Del mismo modo, a Dios y al *Guru* no les hace falta que los adoremos. Los adoramos en beneficio nuestro, porque ese proceso purifica la mente y nos acerca aún más a nuestra verdadera naturaleza. Las acciones que despiertan amor y veneración al *Guru* y a la Verdad en la que está instalado purifican y crean un vínculo profundo. Esa es la quintaesencia del camino del amor.

EL PERSONAL VOLUNTARIO DE LA GIRA DE 1988

Aunque no existía un grupo formal de personas que viajara con la gira, un grupo de ardientes devotos se estaba formando y se ofrecía a colaborar en todas las ciudades en las que podía ayudar en los preparativos previos y la gira de verano. Tina y Nancy, que entonces ya eran Hari Sudha y Suniti, viajaron a la costa este para ayudar a montar las salas y con la decoración del templo del *Devi Bhava*, entre otras cosas. Ron Gottsegen, de Carmel, no se perdió ni una sola ciudad de esta gira y empezó a ayudar con el equipo de sonido, realizando las grabaciones y las mezclas. Ron estaba dispuesto a hacer lo que hiciera falta, tanto si era ir a la tienda a comprar verduras para la comida como si había que llevar a Amma y a los monjes en coche a la sala o ayudar a coordinar la logística en los aeropuertos. Era una persona muy alegre y era muy fácil trabajar con él. Su talante y su conducta tranquila hacían que Amma se tronchase de risa muchas veces. Había dos conductores voluntarios, Scott Stevens y Ramana Erickson, que recorrieron todo el país con una camioneta *Chevy* que llevaba el símbolo "Om-Zia" pintado en las puertas y donde se transportaba todo el equipo y las provisiones. Sheila Guzman había donado generosamente la camioneta para que se usase en la gira de 1988.

Menciono el símbolo Om-Zia porque fue un icono de las primeras giras de Amma y está volviendo a hacerse popular en banderas de oración y camisetas. El símbolo Om-Zia surgió de una idea que tuve durante la gira previa mientras viajábamos en coche durante miles de kilómetros. Quería utilizar un logo "Oriente se encuentra con Occidente" en parte de la publicidad que anunciaría la venida de Amma a Occidente. El "Zia" es un símbolo sagrado de la tribu Zuni Pueblo de Nuevo México. Representa el Sol, que da la vida, y en cada uno de los puntos cardinales hay cuatro rayos que se propagan para representar las cuatro estaciones, los cuatro momentos del día, los cuatro puntos cardinales y las cuatro etapas de la vida: nacimiento, juventud, vejez y muerte. Dentro del círculo del Sol, Larry Kelley sugirió que pusiéramos el símbolo "Om", la sílaba original y primordial de la creación, en sánscrito.

BUSCANDO UN HOGAR PARA EL MA CENTER

El mayor acontecimiento que surgió de la gira de Estados Unidos de 1988 fue que Amma dio su bendición para que los devotos de la Bay Area buscasen un lugar donde crear un centro de meditación en el que habría residentes. Amma accedió por el bien de los hijos de Amma que tenían que vivir y trabajar lejos del *ashram* de la India, por la paz y por la elevación espiritual de los buscadores que habían acudido a Amma para que los guiase. Me pidió que me quedase al terminar la gira, a mediados de julio, y ayudase a encontrar un lugar adecuado. La instrucción principal de Amma fue que la Naturaleza debía ser un elemento importante del lugar que escogiésemos.

Se formó un comité de búsqueda —Ron Gottsegen, Steve Fleischer, Bhakti Guest y yo— y empezamos a recorrer en coche la Bay Area con un agente inmobiliario. Se estudiaron una docena de fincas, pero hubo una que destacó enseguida: un rancho de ganado en activo situado en el Crow Canyon de San Ramon. En muchos casos, las primeras impresiones perduran y la imagen de una docena de robustos eucaliptos "de pie" uno al lado del otro cuando se entraba a la propiedad me recordó una fila de devotos que sostienen bandejas de *arati* para alumbrar el camino con buenos augurios cuando Amma llega a los programas de toda la India. Sentí con absoluta confianza que ese era el lugar perfecto para el *Mata Amritanandamayi Center* (MA *Center*) de Estados Unidos. Los otros tres devotos que estaban en el comité de búsqueda pensaron lo mismo. Decidimos llamar a Amma.

Se tardó un poco en describir la finca y transmitirle todos los detalles al monje que estaba traduciendo. Nos volvería a llamar. Pasó un rato y sonó el teléfono. La breve respuesta de Amma no podía ir más al grano: si estábamos seguros, Amma daría su bendición. Punto. También nos recordó que el centro se creaba por el bien del mundo, no por el bien de Amma.

Aquello nos dejó con el pequeño detalle pendiente de conseguir el permiso para un centro de meditación en medio de un valle agrícola. Todo el Crow Canyon estaba protegido por la *Williamson Act*, que permitía realizar muy pocas actividades en las fincas afectadas por esa ley. Explorando el vecindario, me di cuenta de que había muchos ranchos, establos de caballos y viveros. Cerca había un hostal de jóvenes donde se ayudaba a chicos con problemas; pero ese era el único caso que no era un rancho o una granja.

Una noche, mientras meditaba, tuve una idea. Inspirándome en mi título de Ciencias Medioambientales pensé: "¿Por qué no transformar la finca de un rancho de ganado en una granja orgánica que muestre formas de vida sostenible en una zona urbana?" Sería un centro de aprendizaje que se basaría en la práctica de la meditación. El *Green Gulch Zen Center* de Marin Headlands tenía un centro de meditación parecido. A la mañana siguiente, llamé a Lynn Lanier, que ahora es la *brahmacharini* Rema Devi, una devota que tenía una titulación de Arquitectura Paisajística por la Universidad de California en Berkeley. Trabajamos juntas en la elaboración de un plan para la finca de Crow Canyon que podríamos presentar a la Junta de Supervisores del Condado de Alameda en una audiencia pública para obtener el permiso que hacía falta. Después de semanas de meticulosa planificación, estábamos listas. Me puse un overalls, un par de botas de vaquero y un sombrero y un pequeño grupo fuimos a la audiencia. La propuesta formal que habíamos escrito tenía unas veinte páginas y

Ayudando a preparar la primera visita de
Amma al ashram de San Ramón, 1988

explicaba en detalle que se plantaría un huerto de árboles frutales, un huerto grande de verduras que podría generar ingresos en el mercado local de restaurantes, un vivero que produciría brotes de plantas y un jardín de hierbas y flores para promover técnicas integradas de gestión de plagas y facilitar materias primas con las que se elaborarían coronas decorativas que se podrían vender en la temporada de vacaciones. La propuesta incluía también: apicultura, productos de gelatina y mermeladas de fruta, ungüentos y bálsamos de hierbas, retiros rurales de meditación, formación gratuita en técnicas de horticultura orgánica y proyectos de servicio comunitario. Al término de mi presentación de treinta minutos, hubo un silencio. Uno de los supervisores del condado dijo:

—Bueno, creo que se ha dado respuesta a cualquier pregunta que pudiéramos tener.

El único vecino que asistió a la audiencia, quizás para protestar por algo, solo pidió que se prescindiera de la apicultura porque su negocio de equitación podría verse adversamente afectado si las abejas empezaban a atacar a los caballos o los jinetes. Se aceptó inmediatamente esa concesión y la Junta de Supervisores aprobó por unanimidad el permiso para el *MA Center* de Crow Canyon. En total, las deliberaciones duraron menos de diez minutos. Y así fue como el *MA Center* encontró su hogar gracias a la generosa donación de un humilde devoto que prefiere permanecer en el anonimato. Lo primero que hice fue llamar a la India para contarle a Amma las buenas noticias.

UN LUGAR DE PEREGRINACIÓN: EL ASHRAM DE SAN RAMON

Los programas de *darshan* de la mañana se celebrarían en el *ashram*; pero los programas de *bhajans* de tarde todavía se llevaban a cabo por toda la Bay Area. En un año, habríamos empezado a construir una sala adecuada y Amma podría celebrar todos los programas allí. Desde hace veinticinco años, miles de personas han venido al *ashram* de San Ramon a recibir la bendición y el consuelo de Amma en los tranquilos alrededores y a ofrecer innumerables horas de servicio desinteresado para apoyar el buen funcionamiento de los programas y los proyectos humanitarios de la Bay Area, así como para ofrecer apoyo material a los proyectos de Amma en la India. Amma ha dicho que San Ramon es un centro de peregrinación, un santuario sagrado y un refugio, por la tremenda cantidad de sacrificio y oraciones que se han ofrecido allí.

La plantación inicial de un modesto huerto de árboles frutales, con unos treinta árboles, se ha convertido en más de ocho hectáreas de arquitectura paisajística comestible, y sigue ampliándose. Se han añadido jardines de flores, huertos de verduras, un invernadero y paneles solares. Se han organizado seminarios de permacultura para animar a la comunidad a trabajar con la naturaleza y devolver la armonía natural a la tierra. Desde el *MA Center* se han iniciado docenas de proyectos de servicio e innumerables devotos se han beneficiado de las enseñanzas espirituales de Amma con la ejecución práctica de los proyectos de servicio, por no mencionar a los receptores de esos mismos servicios.

LA GIRA DE 1988

Todo salió bien en la gira de ese año y, al final, en 1988 hubo más de veinte paradas programadas. Se había corrido la voz después de la visita del año anterior de que no podían perderse a Amma si volvía, así que cada vez venían más personas a conocer a Amma y recibir su bendición. Cada uno tenía una historia especial que contar de cómo conoció a Amma. Todas y cada una de ellas son historias de momentos que cambian una vida. Para mí, ver la corriente de amor que había por todas partes era otro sueño hecho realidad.

Todos estábamos aprendiendo el camino del amor con la mismísima Madre Divina: Amma está instalada en ese estado de Unidad Suprema, y nuestro amor se enciende espontáneamente en su presencia. Habíamos trabajado duro, pensando en Amma día y noche, para traer a Amma de vuelta entre nosotros, y ella, por su parte, estaba encendiendo la lámpara del amor en nuestro corazón. El amor que sentíamos por Amma se nos devolvía en un reflejo mil veces más fuerte. Sí, en el pasado todos habíamos conocido el amor mundano, ese amor que es egoísta y a menudo desgarrador; pero *prema*, el Amor supremo, que está latente, se despierta cuando conocemos a un Alma Grande como Amma, y la experiencia es emocionante. Por eso, la experiencia de conocer a un Alma Realizada es muy transformadora. Si podemos mantener la inspiración y empezamos a recorrer el camino espiritual, avanzaremos muchísimo en su presencia. Por supuesto, podemos realizar prácticas espirituales por nuestra cuenta, pero no darán fruto tan rápido. En muchos casos, sin la guía de un maestro, nos llenamos de falsas ilusiones pensando que podemos guiarnos nosotros mismos hasta la iluminación o, incluso, que ya estamos iluminados. Que Amma viajase tan lejos para reunirse con sus hijos y darles la mano mientras les guiaba por el camino del amor estaba teniendo un impacto enorme sobre sus vidas. Yo me sentía dichosa viendo cómo se producían esas transformaciones individuales.

En la gira de 1988 cociné mucho, especialmente en los dos retiros. La propia Amma vino a cortar verduras para la cena y después sirvió la cena la segunda noche del primer retiro que se celebró en el bosque de secuoyas de Miranda, para deleite de todos. Es una tradición muy querida que se sigue realizando en la actualidad en todos los retiros de Amma. Para entonces ya había muchos más devotos que viajaban por todo el país para participar en los programas de Amma, así que se contaba con muchas más manos que ayudaban a montar la sala y limpiar, aunque aún no teníamos un equipo formal que ofreciese cierta consistencia de principio a fin. Yo era la persona que firmaba los acuerdos de alquiler de las salas y, por ello, custodiaba las llaves y abría la sala antes de cada programa. También era mi responsabilidad asegurarme de que la sala se quedara bien cerrada al final de la noche. Algunas veces, si el programa de *darshan* se había alargado hasta tarde y había una hora de cierre de la sala, Amma dirigía a los devotos en la limpieza de la sala y la recogida de la tienda y el equipo de sonido.

Al final de la gira de Estados Unidos de 1988, Amma aceptó invitaciones para realizar programas en dos nuevas ciudades, Los Ángeles y Maui, además de las otras quince ciudades y pueblos que ya estaba programado que visitara en la gira de 1989. Después de cubrir el amplio itinerario de la gira de Estados Unidos, Amma voló directamente a Europa para la gira europea, que ahora había crecido e incluia las ciudades de Londres, París y Zúrich, además de Alemania y Holanda.

UN GRAN CAMBIO

Había pasado un año entero en un abrir y cerrar de ojos y ya era 1989. Como había que coordinar las giras de Amma cada vez con más antelación, yo pasaba cada vez menos tiempo en la India. Sin embargo, tuve la suerte de estar con Amma en su primera visita a Nueva Delhi y Calcuta, y recuerdo muy entrañablemente la consagración del templo *Brahmasthanam* de Nueva Delhi. A la vez que me alejaba de la India, era gratificante ver cuántos occidentales venían a pasar un tiempo a la India con Amma. Sus caras empezaban a brillar con la paz que solo dan las prácticas espirituales, y buscadores de todo el mundo se incorporaron al *ashram* para hacerse renunciantes y llevar una vida de servicio desinteresado con Amma de *Guru*. La Madre Divina estaba conectando con sus hijos; eso estaba claro.

El nivel de energía de Amma siempre parecía capaz de igualar y sobrepasar lo que hiciera falta en cada momento. Yendo de viaje con Amma, sentada con ella después de cada programa y hablando de cómo iba todo, me maravillaba constantemente el ver la absoluta firmeza mental de Amma. Nada podía drenar su nivel de energía, nada la alteraba; desbordaba energía y conciencia. El extenuante programa de la gira continuaba en la India y en el extranjero; pero Amma seguía llena de fuerza. Éramos nosotros, sus hijos, los que pasábamos apuros para seguirle el ritmo. Cuando recuerdo el calendario de la gira… había programas un día tras otro, sin ninguno de descanso, desde mediados de mayo hasta mediados de julio, y después Europa. Si intentaba dejar un día libre para que Amma pudiera descansar, Amma se daba cuenta y programaba otra cosa.

Ya se sabía que las giras tendrían lugar todos los años, así que se volvió más una cuestión de ampliar las cosas lo suficientemente rápido para incluir a todos. Tuve que doblar el número de recetas para los retiros y las salas eran un poco más grandes. Se añadieron dos altavoces más al equipo de sonido. Se donó una camioneta nueva 4 X 4 *Chevy* de uso industrial para llevar el montaje de la gira por todo el país. Amma tenía verdadero interés en que yo fuera con ella a la gira de Europa, así que al final tuve ocasión de ver los programas de Amma en Schweibenalpe y Zúrich, dos lugares en los que había mostrado *Un día con la Madre* en 1986.

UN TOQUE DE AMMA

Un momento interesante de la gira por Estados Unidos de 1989 tuvo lugar en la furgoneta mientras llevaba a Amma y al grupo de Nueva York a Boston, justo después del *Devi Bhava* en la catedral de *St. John the Divine*, en el centro de Nueva York. La asistencia había sido enorme y prácticamente amanecía cuando metía la primera marcha de la furgoneta y me separaba del bordillo de la acera. Había empezado a lloviznar ligeramente mientras atravesaba el laberinto de rápidos giros y desvíos por obras que había que realizar para salir de la ciudad y cruzar el puente correcto en dirección a Boston. Hacía falta mucha concentración, porque nadie nos estaba guiando y había memorizado el mapa del recorrido por la ciudad para no perderme. Parecía que Amma y los monjes estaban manteniendo una interesante conversación en la parte de atrás de la furgoneta y le pedí al copiloto, Swami Purnamritananda, que la tradujese. Al parecer uno de los monjes le había preguntado a Amma si hacía falta seguir así, viajando a los mismos lugares año tras año. Amma iba a terminar pronto esa gira, la tercera gira mundial, ¿no bastaría con quedarse ahora en la India? Amma podría celebrar sus programas en el *ashram* de la India y, ahora que por fin muchos de sus hijos espirituales la habían conocido, sin duda vendrían a la India. ¿Era realmente necesario que Amma tuviera que pasar por un extenuante programa año tras año?

La respuesta de Amma llegó inmediatamente: Hijo, si quieres volver y meditar en el *ashram*, puedes hacerlo; pero Amma dedica su vida solo a esto. Si Amma toca a alguien, aunque solo sea una vez, cambiará el rumbo de su vida para siempre. Basta con que vengan a Amma solo una vez. Es el *sankalpa* de Amma abrazar a tantas personas de este mundo como sea posible. Amma nunca dejará de hacerlo hasta que exhale su último aliento.

Se hizo un silencio profundo en la furgoneta. El único sonido era el ritmo del golpeteo de los limpiaparabrisas. Y así fue, con ese conmovedor mensaje de Amma, como se fueron esfumando los kilómetros mientras conducía hacia el Este en dirección a Boston.

CENTRO AMMA DE NEW HAMPSHIRE

En julio de 1989, la gira de Amma estaba llegando a su fin en la costa este, en el centro de terapias alternativas que Jani y Ganganath McGill tenían en Temple (New Hampshire), y que pronto se convertiría en "El Centro Amma de New Hampshire".

Jani tuvo una hermosa conexión en cuanto conoció a Amma en 1987 y siempre ha ayudado en la gira de Estados Unidos, desde esa época hasta la actualidad. Su familia hacía lo que fuera necesario, tanto organizar el primer retiro de la costa este en su centro de terapias alternativas como limpiar su granero rústico durante semanas, antes de la llegada de Amma, para poder celebrar allí el *darshan* de *Devi Bhava*.

También creo que la familia Mc Gill estaba sumamente bendecida porque han sido los únicos devotos de todo el mundo que han celebrado *Guru Purnima* con Amma en la espaciosa sala de meditación de su casa. Como la propicia noche de luna llena caía justo al término de la gira de Estados Unidos, pero antes de que Amma viajara a Europa, tuvieron el honor de recibir a un grupo de devotos que se reunieron para celebrar el día más sagrado para un discípulo.

Pero hubo otro gran momento en su casa. La gira de Estados Unidos había terminado y todo el mundo estaba ocupado preparándose para volar a Europa al día siguiente. Amma estaba dándome instrucciones sobre la gira del año siguiente, ya que antes de volver al *ashram* de la India me quedaría para encargarme de la organización preliminar de la gira de 1990. Era entonces cuando Amma aprobaba las ciudades nuevas para el programa del año siguiente y siempre me daba nuevas ideas.

NUEVAS IDEAS...

Aquel año no fue distinto; pero nadie podía imaginarse lo que nuestra querida Amma estaba pensando. Me dijo que viajara a nuevos lugares; pero no a ciudades, ¡sino a países! Debía ir a Canadá, Japón y Australia a organizar los primeros programas en esos países. Amma dijo que sus hijos de aquellos lugares la estaban añorando y que había llegado el momento de que Amma fuera a reunirse con ellos. Pensé para mis adentros: "Vale, aunque no conozco a nadie en esos países". Pero asentí sin dudarlo. La primera gira mundial de Amma había surgido de esa manera. Según mi experiencia, cualquier cosa es posible con la bendición de Amma. No hacía falta hablar mucho, Amma me mostraría el camino.

La planificación de la gira de 1990 marchaba bien y solo se había añadido una ciudad nueva: Dallas. El gran cambio era organizar cinco retiros durante la gira: Maui, Los Ángeles, San Ramón, Seattle y Temple, en New Hampshire. Sin personal fijo, teléfonos móviles ni ordenadores portátiles, la ayuda de muchísimos fervientes devotos de cada ciudad era esencial para que todo encajase bien en la gira de verano. Me pasé la mayor parte del tiempo coordinando cada una de las nueve zonas regionales, viajando a todas ellas para ayudar a buscar las instalaciones apropiadas, cocinando cenas benéficas y reuniéndome con las familias que acogerían a Amma y a los monjes. Ese año, los retiros implicarían cocinar mucho y, como yo era la cocinera principal, tenía que presentar mis listas con todos los detalles en aquel momento, porque cuando llegara la gira estaría ocupada con otras cosas. A mediados de septiembre había terminado la mayor parte de los viajes y estaba satisfecha de cómo iban las cosas de la etapa estadounidense de la gira.

Canadá se gestaba sin problemas después de mi viaje a Vancouver para reunirme con una familia que había conocido a Amma en Seattle en mayo. Se pusieron eufóricos al enterarse de que la gira del año siguiente incluiría Vancouver y que podrían acoger a Amma y al grupo en su casa. Empezaron a organizar de inmediato el programa de Amma y contaron con la ayuda de otras familias de amigos que también estaban interesadas. Todos los preparativos para llevar a cabo un gran programa en Vancouver estaban en marcha, y ahora podía dirigir mi atención a donde realmente hacía falta.

CUBOS DE RUBIK

Aquel otoño en San Ramón pensaba, sobre todo, en Japón y Australia. Quería que Amma realizara esos programas de camino a Estados Unidos, para ahorrar dinero en los billetes de avión. Aún podía comprar a buen precio el mismo billete de avión de diez ciudades "alrededor del mundo" y pagar un poco más para ir a Australia. Eso permitiría llevar allí a Amma. Y eso significaba que habría que programarlo para mayo, al principio de la gira, lo cual no me dejaba mucho margen de tiempo, porque esperaba pasar unos cuantos meses en la India con Amma. Tenía unos tres meses para planificar los dos nuevos países.

Amma me había dado dos nuevos cubos de Rubik que se llamaban Australia y Japón. Solo tenía una dirección en Australia, de una mujer que se llamaba Patricia Witts, que vivía en Sídney y había venido a conocer a Amma a Kerala el año anterior. En cuanto a Japón, no teníamos ni un solo contacto. Escribirle una carta de presentación a Patricia Witts era sencillo, incluso fácil. Me presenté y le conté que Amma iría a Australia en mayo. Yo visitaría Sídney después de Año Nuevo para organizar la visita de Amma. ¿Sería posible reunirme con ella entonces y hacer un pase de vídeo o dos en Sídney? ¿Le gustaría ayudarme? "Oh sí, sería maravilloso", respondió Patricia. Aquello me bastaba para relajarme por el momento en cuanto a Australia. Cuando llegara allí, la gracia de Amma fluiría, como siempre.

Japón era otra historia completamente distinta. Empecé a escribir a unos cuantos centros de meditación y grupos filosóficos que aparecían en las últimas páginas de varios libros que miré con detenimiento en la librería Shambala de la Telegraph Avenue de Berkeley. Incluso le escribí a un fundador de la "One Straw Revolution", un agricultor de cultivos orgánicos con ideas espirituales sobre la Madre Naturaleza, a la espera de cualquier atisbo de respuesta. No recibí ninguna. Aún sabiendo que no serviría de mucho, cogí el coche y me fui a San Francisco a explorar el distrito de *Japantown*. Recorrí las calles de arriba abajo, entré en pequeñas tiendas y cafés, leí los carteles de los tablones de anuncios… sencillamente, me sumergí en *Japantown*. Finalmente, en una oscura librería, conocí a una persona a la que le interesaba la meditación. Hablamos de Amma y le conté que se estaba planeando realizar un programa en Japón. ¿Conocía a alguien a quien pudiera interesarle? Sí, sí, respondió. Volvimos al *ashram* de San Ramon para que pudiera ver el vídeo de Amma y saber más cosas de la visita propuesta a Japón. Se conmovió y enseguida realizó algunas llamadas a Japón para intentar establecer algún contacto. Se esforzó con interés, pero en vano. No podía hacer mucho más. Hacía tiempo que no vivía allí; pero lo que sí me dio fueron unas direcciones de Tokio de personas a las que conocía. Dijo que yo podía escribirles inmediatamente. No era mucho, pero era todo lo que tenía.

Así lo hice. Escribí cinco cartas. Era a principios de diciembre de 1989. Todos los días miraba el correo del *MA Center* para ver si había llegado alguna respuesta de Japón. Nada. Se estaba acabando el tiempo. Había reservado mi billete para Tokio el 9 de enero. Desde allí volaría a Australia el 18 de enero para reunirme con Patricia. El 27 viajará a Malasia para buscar una sala para el programa y, después, volvería con Amma, el 8 de febrero, para unirme a la gira de Amma del Norte de la India. Esperaba de todo corazón haberme dejado suficiente tiempo.

Pasó Año Nuevo y eso era todo lo que tenía: nada. Tendría que viajar a Tokio con las manos vacías en pleno invierno. Cinco años antes había venido a Estados Unidos a organizar la primera visita de Amma, pero tenía familia y amigos con los que contar. Me sobrevino un sentimiento de intenso desapego. No tenía más ideas. Lo único que quedaba por hacer era preparar mi pequeña bolsa de viaje y rezar. Lloré por Japón.

EL ASHRAM DE SAN RAMÓN

7 de enero de 1990

¡Un día maravilloso, maravilloso! ¡Había llegado una carta de Japón! Era de una joven japonesa llamada Masako Watanabe, de Tokio. Era una carta sencilla que traía una divertida tarjeta de plástico. Decía lo siguiente:

> *Querida Kusuma:*
> *He recibido tu carta y lo que estás haciendo suena interesante.*
> *Te envío una tarjeta de teléfono de prepago para que cuando llegues puedas llamarme desde el aeropuerto de Narita.*
> *Atentamente,*
> *Masako Watanabe*

Me bastaba. Extrañamente, después de recibir esa sencilla carta, sentí que se confirmaba que el programa de Japón de Amma estaba en marcha. Solo hacía falta una persona y una ciudad (¡o un país!) para que la gracia pura de Amma fluyera. Patricia en Australia y Masako en Japón. Nunca había visto una tarjeta telefónica. Lo único que podía hacer era mirarla maravillada y agradecerle a Amma que trabajara de formas tan extraordinarias. Mi corazón estaba seguro de que todo iba bien.

TOKIO

Y así era. Dos días después, llamé a Masako desde el aeropuerto y vino a recogerme desde Shinjuko, a las afueras del descontroladamente inmenso Tokio, para llevarme a su diminuto piso de quince tatamis[1] mientras organizaba la primera visita de Amma a Japón. Su inglés era impecable y conectamos enseguida. Había sido estudiante de intercambio en Estados Unidos cuando iba al instituto e, irónicamente, esa era la razón por la que me había enviado la tarjeta telefónica. Quería practicar el inglés de Estados Unidos con la persona que le había escrito una carta tan inusual. No sabía entonces que estaba destinada a ser la primera traductora de Amma en Tokio y que trabajaría junto a Koizumi-san, del Colegio de Mujeres de Tokio, como coorganizadora del primer programa de Amma en Japón, del 18 al 20 de mayo de 1990.

Al año siguiente, Amma envió a Brandon Smith (ahora *brahmachari* Shantamrita) a organizar su segunda visita a Japón. Desde entonces, ha seguido sirviendo a Amma desde su centro de Japón y en otros lugares de todo el mundo.

SÍDNEY Y MELBOURNE

Llegar a Sídney fue un alivio. Sentía que cualquier cosa era posible después de superar tantos obstáculos en Japón. Patricia Witts era una madre muy amable de mediana edad con tres hijos que ya iban al instituto y un trabajo. Organizamos un pase espléndido de vídeo en su casa de Chatsworth y en otro lugar cercano. Después, con un entusiasmo tranquilo y práctico, se animó a aceptar el papel de primera anfitriona de Amma en Sídney, al saber que aquello era lo que realmente hacía falta. Después de todo, había visitado a Amma en su hogar de Kerala. ¿Por qué no podía devolverle esa misma hospitalidad?, pensó. No había tiempo que

---

[1] N. de la T.: Un tatami es un tapiz acolchado de hojas de maíz seco prensadas con los que se recubren los suelos de las casas en Japón, con una medida estándar de 90x190, por lo que, en este caso, se trata de un apartamento de veinticinco metros cuadrados.

perder, así que nos movimos en coche por el área de Chatsworth, la zona cercana a la residencia de la familia Witts, donde Amma se alojaría, buscando salas.

Patricia también se había puesto en contacto con algunas personas de Melbourne y compramos un billete de autobús para que yo fuera al Sur a hacer el mismo pase de vídeo. Un grupo maduro y encantador de buscadores espirituales, que ya llevaba muchos años practicando meditación, asistiendo a *satsangs* y haciendo peregrinaciones con distintos maestros de la India, se reunieron conmigo en Melbourne y organizaron allí una sesión de vídeo. James Conquest, Eugenie Maheswari Knox y Campbell McKellar estuvieron allí esa noche y siguen sirviendo a Amma en el *M.A. Centre* de Melbourne. Después de pasar diez días ocupadísima buscando salas, mostrando los vídeos, con reuniones y compartiendo mis listas de la gira de Estados Unidos, todas las personas que había conocido en Australia estaban dispuestas a hacer lo que hiciera falta para acoger el programa de Amma en mayo. Así que, cuando llegó el momento de regresar a la India, parecía que todo estaba en marcha para una sólida gira de Amma en Australia para mayo. ❧

CAPÍTULO 9

El otoño de 1990

Tarangayita apime sangat samudrayanti

Aunque (las tendencias negativas) al principio surgen solo como un murmullo, se vuelven como el mar por las mala compañías.

Narada Bhakti Sutras, estrofa 45

Llevaba cinco años sin parar de hacer giras para organizar los programas de Amma por todo el mundo. Mi servicio se había vuelto mi única *sadhana* y el bello equilibrio de mis primeros años con Amma se había mermado por mi falta de *shraddha*. La meditación, el *satsang* y el autoestudio se habían caído como otras tantas hojas secas de una rama marchita. Además, había dejado de practicar yoga y estudiar sánscrito, hasta el punto de que ya no tenían ningún lugar en mi vida. Estaba ocupada sirviendo. *Viviendo y respirando en Amma todo el tiempo, no hace falta preocuparse,* pensaba vanidosamente, y por descuido dejé ir la esencia de mi práctica.

Fue entonces cuando empezaron a perturbarme ocasionales pensamientos negativos. Al principio, pasaban por la mente como el zumbido molesto de un mosquito. Minusvalorando el poder que podían tener juntos, sencillamente los ignoraba, llevándolos a los lugares más recónditos y oscuros de la mente; pero seguían volviendo. De repente, veía fallos en todo el mundo a mi alrededor. Una persona me irritaba, otra era perezosa, o un voluntario llegaba tarde y me estresaba. La joven que finalmente dejó la organización, con la que debía tener cuidado por sus celos, me parecía muy hipócrita porque dejaba que la gente la adulase para conseguir llegar a Amma y después les daba una puñalada por la espalda. Aunque la querían y la veneraban mucho, manipulaba las situaciones y era muy controladora. Todas esas cosas se sumaban y me irritaban.

Esos pensamientos y situaciones aparentemente insignificantes empezaron a amontonarse poco a poco y a envenenar mi visión de las cosas. Es lo que sucede con los pensamientos negativos: si no les prestamos atención, poco a poco nos adormecen en un estado de complacencia. Se convierten en un estado mental negativo. Muy pronto toda nuestra percepción es filtrada por esa actitud mental negativa. Antes de que nos queramos dar cuenta, nos vemos atrapados en nuestro propio remolino de negatividad, inmersos en su vórtice, yendo a toda velocidad de una mala elección a la siguiente. Inevitablemente acabamos ahogándonos en las consecuencias no negociables de nuestras elecciones.

Como advierte Sri Krishna a Arjuna, sin dejar lugar a dudas, en las estrofas 62 y 63 del segundo diálogo de la *Bhagavad Gita*:

Dhyayato visayanpumsah sangastesupajayate
sangatsanjayate kamah kamat krodho'bhijayate

De morar en lo sensorial surge el apego.
Del apego nace el deseo, del deseo surge la ira.

Krodhad bhavati sammohah sammohat smrti vibhramah
smrti bhrams'ad buddhinas'o buddhin asat pranas'yati

De la ira nace el engaño; con el engaño, se pierde la memoria.
Con la pérdida de memoria se destruye el discernimiento;
Al destruirse el discernimiento, se perece.

En el año 1990 caí en un atolladero que yo misma había creado. Emocionalmente exhausta por mis propios pensamientos negativos, ahogada al no sacármelos del pecho, físicamente cansada por los constantes viajes, espiritualmente seca por la falta de

prácticas espirituales, no me daba cuenta del peligro en el que me encontraba. No me esforcé en dirigirme a mis hermanos mayores espirituales, a los que tenía mucho cariño, que siempre habían estado ahí para mí, en los momentos buenos y los malos. Lo peor de todo es que ni siquiera confiaba en Amma. En cambio, un sentido estúpido de orgullo de que otros no debían enterarse de mi agitación mental me llevó a una peligrosa encrucijada sin ni siquiera saberlo. En una palabra: mi ego, que me había propuesto trascender, se había convertido en mi confidente más cercano.

Cuanto más cerraba el corazón, más me aislaba de Amma. Ese rumiar tenía vida propia y pronto había transcurrido un año de miseria autoinfligida y de conflicto interior. Otros estaban viviendo la mejor época. Los programas crecían por todo el mundo: Estados Unidos, Canadá, Europa, Australia, Singapur y Japón habían abierto sus corazones y sus brazos a Amma; pero yo, pobre de mí, estaba enroscada sobre mí misma como una bola y compadeciéndome de mí misma.

Echando la vista atrás, sé que otros vieron que ese año fue doloroso para mí. Algunos me dijeron después que nadie podía acercárseme. Nadie podía atravesar el muro que había creado. No escuchaba nada, no dejaba que nadie entrara, ni siquiera Amma. Finalmente, en ese estado debilitado, el deseo sacó su fea cabeza y me tragó por completo. Me masticó y me escupió al suelo al otro lado, muy lejos de Amma.

Sueños desconcertantes llegaron inesperadamente, fantasías de la relación perfecta, la vida perfecta, cualquier cosa para escapar de la ironía en la que estaba atrapada: tenía todo por lo que siempre había rezado, estaba sirviendo a Amma al máximo; pero había perdido el deseo de llegar a la meta. Todo me parecía sin vida, contradictorio. Había perdido la humildad, el equilibrio, la meta. Mi naturaleza testaruda me llevó a tomar una serie de funestas decisiones que todavía resuenan en mi vida, aunque finalmente ahora vea la profunda armonía que subyace a todo. Sin embargo, esa parte llegó después. Mucho más tarde.

Entré en la fase de los juegos de culpabilidad. Básicamente, empecé a echarles la culpa a los demás de lo que me estaba pasando. Cuando empezamos a exteriorizar nuestro proceso interior viendo a los demás como la fuente de nuestras desgracias hemos llegado a la cima del engaño. Es el síndrome del "pobrecito de mí", que nos tumba más rápido que un huracán llegando a la costa de Nueva Orleans. Es un estado mental brutal y despiadado que no perdona a nadie y, al final, ni siquiera a uno mismo. La destrucción que provoca el olvido de la verdad, *tat tvam asi*, "Tú eres Eso", es devastadora. Cada comportamiento y cada acción de nuestra vida espiritual se desquicia. Abrazamos lo que deberíamos rechazar y rechazamos lo que más falta nos hace.

Pon ira, resentimiento, un ego desenfrenado y con pretensiones de superioridad moral, añade un poco de lástima egocéntrica y un gran puñado de cabezonería... y tienes la receta perfecta para el desastre. Lo que empezó con pequeñas cosas insignificantes como sentirme herida, incomprendida o no apreciada, estar de mal humor y tener mal genio con la gente, o juzgarles por ser miserables y deshonestos, se fue amontonando. Y, entonces, como los liliputienses de Gulliver, que al final pudieron con él, me derribaron completamente.

Solo años más tarde me di cuenta de lo distorsionada que se había vuelto mi percepción. En lugar de buscar defectos en mi interior, estaba demasiado ocupada viendo defectos en los demás. No comprendía cómo Amma toleraba ese comportamiento a su alrededor. Más tarde comprendí que no es porque esté de acuerdo, sino que, como he dicho antes, es como una máquina de pulir piedras: las puntas afiladas de cada uno se pulen con los bordes toscos de los demás. Es lo que sucede a menudo cuando se vive en comunidad. Me hacía falta aprender la lección de no criticar a otros cuando yo misma estaba luchando por erradicar mis cualidades negativas. Podría haber estado realmente atenta a la *Guru* y no haber permitido que las cualidades negativas de una persona que parecía estar cerca de Amma echasen a perder mi visión. Culpar a los demás de los problemas creados por mi propia obstinación, arrogancia e ira era más fácil que practicar introspección. Esos patrones de culpa y proyección, combinados con la hostilidad que había estado cuajándose en mi interior durante un año, crearon la tormenta perfecta.

A veces nos falta madurez para aprender las lecciones espirituales de manera amable y suave; y eso es, sin duda, lo que me sucedió a mí. En septiembre de 1990, después de haber acabado la planificación preliminar de la gira de Estados Unidos de 1991, dejé el itinerario y los planes de organización en mi escritorio del *ashram* de San Ramon. En una carpeta de tres anillas también organicé cuidadosamente todos los contactos regionales de todo el mundo, incluyendo mis meticulosas notas de cinco años de organización de giras, retiros, recetas, etc. y lo dejé todo en mi escritorio con el plan maestro de la gira de 1991. No tenía intención de dejar que las giras de Amma se vinieran abajo solo porque yo lo estuviera haciendo. Cuando salía de la oficina, le dije a uno de los residentes que trabajaba cerca:

—Hay algo en mi escritorio que te va a hacer falta.

Después de despedirme adecuadamente del monje encargado, diciéndole que me hacía falta "un descanso", cargué el coche de mi hermana con mis pocas pertenencias y me marché.

Así dejé a Amma, sin explicarme en absoluto con la persona que más me había importado en la vida, que me había dado todo lo que me hacía falta. Fue un final audaz y poco propicio para una etapa maravillosa de mi vida.

QUERIDO DIARIO...

Lo primero significativo que hice después de irme del *ashram* de San Ramon fue escribir en mi diario lo que pensaba que había salido mal. Fui en coche a la costa de Mendocino, en el norte de California. Recuerdo que observaba cómo la marea retrocedía poco a poco en el estuario de Point Mendocino, un telón de fondo tranquilizador para recuperar el aliento. El agua salada se mezclaba con agua dulce y traía la diversidad de vida que hay allí. Pasé mi treinta cumpleaños en el río y, después, fui en coche hacia el Este, de vuelta a Nuevo México, donde todo había empezado. Encontré trabajo en un restaurante y un lugar para vivir. Dejé mi diario en algún sitio y acabó traspapelado y olvidado.

Me eché un novio. La relación terminó siendo un desastre. Enterré mis recuerdos más especiales. No intenté ponerme en contacto con Amma ni pedirle consejo. No asistía al grupo de *satsang* que se reunía en la cercana Santa Fe. De alguna forma, dejé de comunicarme con mi propio corazón. Creé una fortaleza en mi cabeza para mantener a raya los pensamientos de autorecriminación, para poder hacer lo que quisiese. Y, realmente, ¿qué quería? A cualquier espectador se le podría perdonar que pensara que estaba empeñada en arruinarme la vida. Viví aquellos meses como si ya no importara nada. La edad moderna del cinismo era el escenario perfecto para mi yo egocéntrico y malhumorado. Nadie podía decirme nada y, de todas formas, yo no quería escucharlo.

Aunque fue un aislamiento autoimpuesto, por extraño que parezca, todavía recitaba mi *mantra,* como si una parte de mí pudiera ver mi vida espiritual deshaciéndose y se negara a dejarla ir completamente. Quizás fuera un temor subconsciente de que se me olvidaría el *mantra* y nunca más encontraría el camino de regreso a Amma. Aunque estaba en el proceso de destrozar mi vida, en lo más profundo, como un débil latido, todavía sentía amor por Amma y esperaba que me perdonara y me salvara. De algún modo, pasó un año.

Llegó el momento de la limpieza de primavera del año siguiente, 1992, y encontré el diario en el que había escrito el día que me había marchado. Me senté a leerlo y me quedé atónita: la esencia de prácticamente todas las quejas se reducía a echarle la culpa a alguna otra persona. Mis propias acciones y mis propias interpretaciones erróneas habían iniciado muchas de las situaciones por las que había pasado. En ese momento, pude ver la verdad con muchísima claridad. De repente, me costaba respirar y me eché a llorar. Indignada conmigo misma, me quedé allí sentada, aturdida, un larguísimo rato.

Entonces decidí algo. El impulso fue tan intenso y tan fuerte que caminé hasta Taos Mesa, recogí montones de artemisa seca, cavé un hoyo con cuidado y encendí un fuego. Ardió de una sola vez, como lo hace la salvia, y allí y entonces quemé mi diario. Tomé la firme determinación, o en realidad hice el voto, de afrontar la realidad. Escribiría una lista, una lista diferente. Esta no hablaría de los demás, sino de mi misma. Esa noche me di cuenta de que la felicidad es una elección; no es un regalo que alguien nos dé. Y me di cuenta de que la verdadera sanación solo se produce cuando dejamos de echar la culpa a los demás y empezamos a perdonarlos, a ellos y a nosotros mismos.

Mirando hacia atrás, parece que solo hubieran debido hacer falta unos pocos pasitos desde aquel día de descubrimiento hasta los brazos de Amma; pero la caja de Pandora tiene una forma extraña de no querer que la cierren después de haber sido abierta. Como buscadores espirituales, como seres humanos, somos una extraña mezcla de libre albedrío y destino. El primero no puede ejercerse fácilmente y el último no puede manipularse con facilidad. Si elegimos deliberadamente forjar nuestro propio camino, podemos estar seguros de que el universo lo organizará unos cuantos años kármicos más antes de que el arco se doble y pueda llegar a donde queramos.

Así que cuando llegó ese momento es cuando empecé a llorar de verdad. Desde la profundidad de mi alma, le lloré a Amma para que me salvara, para que me sacara del charco de barro al que me había tirado. Para que me diera la fuerza de convicción necesaria para volver. Para que no se me olvidara que nunca es demasiado tarde para volver a la vida espiritual. Había sufrido lo suficiente para saber que las verdades espirituales que Amma enseña son auténticas. Nadie podría amarme nunca con un amor tan puro como el de Amma. Su gracia era algo de leyenda. ¿Cómo podía haber sucumbido a la amnesia cuando había visto cómo Amma curaba a Dattan, el leproso? ¿Cómo pude haber estado tan hipnotizada por *maya*, la ilusión de realidad, por las brillantes baratijas del mundo?

Hice acopio de todo mi valor y decidí que era el momento de afrontar las consecuencias. Así que me prometí a mí misma que ese verano iría al programa de *bhajans* de la tarde en algún momento de la gira de Estados Unidos. Para ser sincera, estaba nerviosa y tenía miedo de ir a ver a Amma. ¿Cómo reaccionaría? ¿Qué podrían tener que decir los demás? ¿Qué pasaba si era horrible? Aunque todo este cotorreo interior estuviera ahí, llegados a este punto, francamente, me daba más miedo estar lejos.

Estaba de visita en Berkeley para una reunión de antiguos alumnos de mi promoción de hacía diez años, cuando las ganas de ver a Amma se volvieron irresistibles. Les había hablado a algunos de mis antiguos compañeros de universidad del tiempo que pasé con Amma y, como ninguno de ellos la había conocido, era un público bastante seguro con el que compartir mis recuerdos, hasta que un amigo dijo:

—Oye, Amma está en la ciudad. Vamos a un programa, ¿vale?

El estómago me dio un par de volteretas y también volaron mariposas. ¿Estaba lista? ¿Era tan sencillo? ¿Solo ir a un programa? ¡Ir a ver a Amma! Como otros cientos de personas hicieron esa misma noche, allá fuimos.

BERKELEY 1992

Kannunir kondu nin padam kazhurkam
katyayani ni kaivitalle...

Te lavaré los Pies con mis lágrimas, oh Katyayani;
pero, por favor, no me abandones.
Amritanjali, volumen uno

Resultó que el lugar donde se realizaba el programa estaba cerca del campus de Berkeley de la Universidad de California, mi antiguo territorio, un lugar en el que había organizado innumerables programas de Amma. En teoría, podría haber estado bastante tranquila; pero no lo estaba. Al entrar en la sala, estaba totalmente nerviosa. Y las dos primeras personas que vi a lo lejos caminando hacia mi fueron mis dos personas favoritas: Swamiji y la Brahmacharini Nirmalamrita, mi antigua amiga de la primera proyección de vídeo de 1986. Cuesta creerlo, pero salí corriendo de la sala con el rabo entre las piernas. Estaba preparada para ver a Amma, pero no a mis queridos hermanos y hermanas. Tenía mucho miedo de su posible reacción. ¿Podéis imaginar la cara de sorpresa de mi amiga de la universidad cuando se dio la vuelta y vio que estaba sola? Me alcanzó y me dijo:

—¿Qué te pasa? Pensaba que querías ver a Amma. ¿Por qué has salido corriendo?

Le di una mala excusa y nos fuimos; aunque le fastidió un poco, porque habíamos tenido que atravesar un intenso tráfico para llegar a tiempo al programa y todo, al final, para darnos la vuelta y marcharnos.

Esa noche repasé mi estado interior. Quizás no estuviera preparada para ver a Amma, como había pensado.

¿Por qué tenía una reacción emocional tan fuerte respecto a mis antiguos amigos espirituales? Concluí que me hacía falta más preparación y más reflexión antes de poder ver a Amma.

Pero no me escapé tan fácilmente. Al día siguiente por la tarde, mi amiga se dejó caer y básicamente me dijo que íbamos al programa de Amma tanto si me gustaba como si no. No quería oír nada más sobre ese tema, así que mejor me metía en el coche.

De camino en el coche, recitaba mi *mantra* como una loca. Ahora las cosas habían dado realmente un giro inesperado, completamente fuera de mi control. No había nada que pudiera hacer más que entregarme. Esta vez fue más fácil entrar en la sala. Me imaginé que llevaba puesta una capa invisible y dejé que mi amiga me llevara adentro y nos sentáramos donde ella eligiera. Apartaba la vista para no perder los nervios.

Los *bhajans* fueron increíbles. Me calmaron como nunca me había pasado antes. En poco tiempo, me sentí dichosa, relajada y pude volver a respirar. Cuando terminaron las últimas notas del *arati* y se recitaban las oraciones finales, sentí una suave mano sobre el hombro. Era una de mis mejores amigas, la Brahmacharini Rema Devi, de San Ramón, que parecía un ángel y tenía una enorme sonrisa. Me dio la mano y me llevó con Amma.

Nunca olvidaré ese momento. Fue como si todos hubieran dejado de respirar al mismo tiempo en esa sala. Amma miró hacia arriba, nuestros ojos se encontraron y ambas nos pusimos a llorar. Amma me atrajo hacia su regazo y me sostuvo en un abrazo amoroso un largo rato. Me soltó y nos miramos a los ojos otra vez. Entonces, nos reímos con fuerza y lloramos un poco más. Swamiji y Swami Paramatmananda, Ron, Steve Fleischer y Bhakti, todos se acercaron a la silla de Amma. Todos me sonreían con tanto amor que ya no podía pensar. Era como nadar en una vasija que se desbordaba de amor divino en todas direcciones.

Tanta emoción había dejado desconcertada a mi amiga. Más tarde esa noche, cuando salíamos de la sala, dijo:

—Nunca he visto tanto amor en mi vida. Esas personas te quieren muchísimo. Realmente tienes mucha suerte. Verdaderamente, eres especial para ellos.

No tenía palabras. La experiencia había sido una experiencia tal de humildad que las capas de mi ego empezaron a desmoronarse una tras otra.

Aunque la distancia medida en kilómetros y años siguió siendo grande antes de que por fin volviera a vivir a Amritapuri, y aunque he cometido muchos más errores en el camino que estoy recorriendo con Amma, puedo decir verdaderamente que, desde aquel momento, en mi corazón nunca más he estado "lejos de Amma". Desde nuestro reencuentro aquella noche en Berkeley, aunque todavía he pasado toda clase de apuros, mi conexión con la Madre Divina ancestral que es Mata Amritananadamayi me ha hecho hondamente feliz y me ha nutrido profundamente. Y porque la luz de esa gracia pura ha vuelto a brillar sobre mí, le estoy eternamente agradecida.

CAPÍTULO 10

Medir el mar

¿Cómo medimos el mar? ¿Podemos explicar su misterio? ¿Su amplitud? ¿Su profundidad? ¿Y los innumerables seres vivos que se refugian en su inmensidad? No es posible realizar una tarea titánica como esa con los instrumentos con que contamos. Basta con describir el mar lo mejor posible: su salinidad, sus misteriosas mareas al compás de la Luna y todo lo demás. Podemos meter el dedo gordo del pie en el agua para probarla y podemos describir y debatir sobre todos sus aspectos; pero, al final, cada uno debe decidir. ¿Quiero saber por mí mismo lo que se siente al zambullirse en el mar? ¿Quiero mojarme? ¿Quiero aprender a nadar?

Al mar le da lo mismo si una persona más se mete en él y descubre sus maravillas o si una persona sale, frustrada y descorazonada. Millones de personas pueden nadar, navegar o pescar en un día. Al mar no le preocupa. No cambia por el hecho de que unos naden y otros no. Está ahí para todos, en la medida en la que cada uno pueda disfrutar de él. El mar seguirá como lo ha hecho desde el principio de los tiempos.

Lo mismo puede decirse del *Guru*. ¿Quién puede comprender la plenitud del Conocimiento del *Guru*? ¿Quién puede describirla? Aparte de nuestras limitadas capacidades de observación y discernimiento, no hay "prueba del nueve" definitiva que demuestre la iluminación del *Guru*; pero al final, como sucede con el mar, no se trata de cuantificar perfectamente el estado de Conocimiento del *Guru* para medirlo. Depende de nosotros decidir hacia dónde dirigimos nuestra fugaz vida.

¿Qué es lo que nos atrae a algunos de nosotros a la vida espiritual, pero no a otros? ¿Por qué algunas personas deciden buscar guía espiritual y a otros la mera idea les repele? Hay que tener en cuenta muchos elementos para responder esa pregunta; algunas razones muy obvias y otras más ocultas. Sin embargo, puede que la mayoría de las personas, tanto ricas como pobres, estén de acuerdo en que hay un vacío en nuestra vida, un dolor, un hilo de sufrimiento que nos hace querer más, añorar que haya un significado profundo. Algunos pueden volcarse en libros espirituales, conferencias o maestros en un intento por buscar algunas respuestas, un poco de paz y felicidad. Otros se pierden en las drogas, el alcohol o las malas relaciones para aliviar su dolor. Muchos caen en una depresión por el estado de su vida y del mundo, incapaces de vivir con ese dolor hueco que no pueden comprender. Multitud de personas van tirando, más o menos satisfechas con la situación, y viven los acontecimientos de su vida oscilando como un péndulo entre la felicidad y la tristeza. Cada uno de nosotros desarrolla un enfoque propio para vivir la vida, tanto si somos conscientes de ello como si no.

Supongamos que pertenecemos al primer grupo que he mencionado y nos inspira lo que leemos, escuchamos o vemos en un *Guru*. Podemos ir un poco más lejos. Es posible que nos planteemos meditar un poco, intentemos hacer *hatha yoga* o asistamos a un retiro espiritual. Cuando acudimos a la espiritualidad encontramos consuelo y comprensión. Si tenemos suerte, conocemos a un Verdadero Maestro como Amma. En ese momento, nuestra alma sabe que ha llegado a la presencia de una gran alma, un *Mahatma*. Entonces empieza la pelea entre el alma y el ego, se pone en marcha la lucha entre nuestro destino espiritual y nuestro libre albedrío, y la vida se vuelve una tensión dinámica entre el autodescubrimiento y el autoengaño que nosotros mismos hemos creado. Conocer a un Maestro Iluminado es el catalizador que acelera el despertar. Ahora creo que cuando conocemos a un *Mahatma* no hay forma de volver atrás. Se trata simplemente de lo rápido que queramos ir. Para algunos, es un viaje largo y combativo, lleno de pasos en falso y distracciones, mientras que para otros es un viaje tranquilo. Nosotros somos el factor decisivo. El Alma Grande continúa pacientemente en su estado de despertar. Para el Maestro no tiene ninguna importancia que elijamos ir o venir. Nosotros somos los que tenemos algo que ganar, y no él.

Hay una antigua tradición que se ha transmitido ininterrumpidamente hasta la actualidad: el camino del Autoconocimiento, en el que un buscador crea un vínculo con un *Guru* que puede llevarle más allá del ciclo del nacimiento y la muerte, a la Liberación. Hay una enorme colección de escrituras espirituales, tanto antiguas como contemporáneas: las *Upanishads*, los *Puranas*, la *Bhagavad Gita*, y comentarios de las mismas, que aclaran todos los aspectos y los detalles de la relación entre el *Guru* y el discípulo y de lo que implica el camino espiritual. Ese registro escrito no son conjeturas o imaginaciones de alguien. Ha surgido de la experiencia directa de los que estuvieron antes que nosotros y alcanzaron la cumbre de la conciencia humana, el estado liberado de Unidad pura.

El compromiso del *Guru* con el discípulo es absoluto e infalible. El *Guru* nos enseñará de tal manera que el ego y los deseos egoístas se transformen. Ese es el único objetivo del maestro: despertar al estudiante. Innumerables son las almas que han recorrido este camino y que buscaron Maestros espirituales e hicieron todo lo que tenían que hacer para fundir su conciencia egocéntrica en la gran Unidad, la victoria final. Pero no es algo para pusilánimes. Hace falta una mente fuerte para recorrer el camino y seguir penetrando más y más en el misterio de la existencia. Han fracasado muchos más que los que han tenido éxito,

especialmente en la era de cinismo en la que estamos hundidos en la actualidad.

Antes de entregarnos a un *Guru*, tenemos que estudiarlo. Debemos estar plenamente convencidos de su capacidad para guiarnos; pero, una vez que decidimos aceptar a un Maestro y seguir el camino que nos llevará a la meta, no hay que seguir escudriñándolo o el *Guru* no podrá guiarnos hasta el Autoconocimiento.

LA LUNA DE MIEL

Me uní de nuevo a Amma en la gira de Estados Unidos de 1993. Me recibió con los brazos abiertos. Los programas habían crecido y ahora había una furgoneta de voluntarios. Me incluyeron amablemente. Aunque fuera difícil hacer frente a todo lo que había dejado atrás, los viejos amigos me dieron la bienvenida y, mientras la gira recorría el país, lloramos y reímos juntos por las insensateces que hacemos en la vida.

Al final de la gira de Estados Unidos de 1993, me reorganicé en Nuevo México y lo arreglé todo para volver con Amma a la India. Añoraba de nuevo mi vida espiritual. No quería dejar pasar esa oportunidad. Amma era comprensiva y me animaba de todas las maneras posibles. Sentadas en su habitación, una de las primeras cosas que me dijo cuando llegué fue que el pasado es un cheque anulado. Tenía que dejarlo estar y no pensar demasiado en él. De lo contrario, no avanzaría. Amma no me echaba la culpa en absoluto. Me mantuvo cerca de ella, aunque ahora hubiera muchísimas más personas que rivalizaban por conseguir su atención.

Todo el mundo estaba contento de verme. El padre de Amma, Sugunanandan Acchan, lloró la primera vez que me vio. Su amplia sonrisa lo decía todo, y sacudió la cabeza de una manera muy cariñosa mientras decía "Kusumam, Kusumam" con una voz llena de dulzura. Todos los miembros antiguos de la comunidad, muchos de las cuales habían recibido la iniciación formal y ahora llevaban ropa amarilla, me dejaron saber a su manera discreta y amable que estaban contentos de verme de vuelta. Había muchos residentes nuevos que ni siquiera me conocían y me sentía bien haciendo *seva* con ellos; anónimamente, por así decirlo.

Sí, fue difícil retomar mi viejo ritmo, mi equilibrio, mi práctica. Me di cuenta de lo fácil que es tirar algo y de lo mucho que cuesta reconstruirlo. Me estremecí cuando vi todo el daño que le había causado a mi antiguo entusiasmo por alcanzar la meta. Así que decidí volver a lo básico, intentando recuperar la inocencia perdida. Amma siempre nos animaba a tener una mente de principiante. ¿Era realmente posible?

Para seguir el camino del amor hace falta amar primero el camino. El mayor obstáculo con el que me encontré fue mi incapacidad de perdonarme a mi misma y de creer otra vez en mí. Así que decidí empezar por ahí. Las prácticas devocionales que había dejado a un lado tan descuidadamente, las recuperé para transformar de nuevo mis pensamientos, mis acciones y mis palabras en paz y tranquilidad. Siempre me había gustado recitar mi *mantra* y contemplar el rostro de la Madre Divina, mi querida Amma. Siempre me había resultado muy satisfactorio ofrecer mi energía, mi talento y mi intelecto para servir desinteresadamente a los demás. Se me derretía el corazón al escuchar los cantos devocionales de Amma que me llamaban a un plano más elevado. Mis oraciones volvieron a ser sinceras: *¡Por favor, Amma, sálvame, guíame de vuelta a la gracia!*

Poco a poco, pero con seguridad, mi recuerdo de la Verdad volvió. Mi amnesia espiritual remitió y se restableció mi discernimiento para tener buenas compañías. Veía algunos de mis apegos y me sentaba con esa conciencia, intentando presenciar el juego de las emociones en mi interior, en lugar de caer atrapada en ellas.

En este periodo, solo una vez alguien me dijo algo negativo que realmente me afectó. Esperó la ocasión para acercarse cuando estaba sola y entonces dijo: "¿Por qué te molestaste en volver? ¿Por qué no disfrutar sencillamente de la vida y dejar todo esto atrás de una vez por todas?" El shock fue demasiado fuerte para responderle. Esa persona era conocida por su profunda devoción a Amma; pero, al mismo tiempo, entre bambalinas podía ser realmente desagradable. Irónicamente, era la misma mujer que acabó yéndose del *ashram*. Tomé nota de mantenerme alejada de ella, aunque muchas veces no habría forma.

Se me encargó asignar el trabajo voluntario en la oficina de la *seva*, y enseguida volví a tener problemas. Exteriormente, me las arreglaba: coordinar la *seva* es mucho más fácil que coordinar las giras; pero interiormente pasaba apuros. Volver a reunir las piezas de la vida espiritual requiere tiempo y fortaleza. Ahora podía ver que los primeros chapoteos después de zambullirse en la vida espiritual son momentos maravillosos y alegres; pero, a medida que avanzamos por el camino, hay muchas lecciones duras que aprender y experiencias dolorosas por las que pasar. Quizás esto debería sorprendernos menos. ¿Cuánto esfuerzo y sacrificio hacen falta para ser médico o conseguir un doctorado? Al fin y al cabo, la espiritualidad no es un camino menos exigente que un título académico. Sin embargo, surgía una pregunta más importante: ¿estaba yo a la altura de la tarea?

Rápidamente me di cuenta de que mantener el buen ánimo, aprender bien las lecciones y cambiar dependía de mí. Si no era capaz de mantener el entusiasmo por alcanzar la meta, entonces la gracia pura que fluye alrededor de Amma como el flujo torrencial infinito de las Cataratas del Niágara no serviría de nada. La gracia que recibimos depende del esfuerzo que realizamos. Un Verdadero Maestro como Amma no tiene carencias. En el camino se perciben con más frecuencia los pasos vacilantes del discípulo.

MEDIR MI COMPROMISO

Una de mis mejores amigas, Nancy Crawford, que ahora era Suniti, se había ido a la India para ser renunciante en el *ashram*. Habíamos trabajado juntas en todas las giras desde 1986, especialmente en la organización de los retiros. Suniti había sido investigadora científica en el campus de Berkeley de la Universidad de California, en la misma Facultad de Recursos Naturales en la que yo había estudiado, y teníamos mucho en común. Habíamos hablado ampliamente sobre la espiritualidad, la vida y la muerte siempre que habíamos tenido un momento libre. Aunque ella tenía muchos amigos, yo había sido como una hermana mayor para ella en sus primeros años con Amma y era alguien en quien confiaba. Ahora, las tornas habían cambiado y su firmeza y su fuerte determinación eran una inspiración para mí.

Mientras nos conocíamos en las giras de los Estados Unidos, me enteré de que había tenido cáncer, no una vez, sino dos. Tenía un punto de vista fascinante sobre el tema. En ambas ocasiones, se había sometido a un tratamiento alopático tradicional y pasó por toda la quimioterapia, toda la radiación, todo el sufrimiento y todo el periodo de recuperación; pero me dijo que lo que había supuesto un verdadero cambio fue la modificación de su actitud mental y su estilo de vida. Su segundo encuentro con el cáncer fue lo que la llevó a la espiritualidad.

Suniti tenía las ideas claras sobre la muerte. Sabía lo que era tener cáncer y no era en absoluto ingenua al respecto. La posibilidad de tener cáncer una tercera vez era muy real. Todavía acudía a revisiones anuales para asegurarse de que seguía gozando de buena salud, sin cáncer. No pensaba que pudiera sobrevivir una tercera vez. Lo que aquello significaría no era algo en lo que pensara demasiado, pero lo aceptaba con una mente ecuánime.

Poco después de mi regreso, tuvimos una impactante conversación sobre ese mismo asunto. Me dijo que su mayor deseo era servir a Amma hasta exhalar su último aliento y disfrutar al máximo de la vida de renuncia. Dijo que, si volvía a tener cáncer, preferiría quedarse con Amma y servirla hasta el final de su vida. Ya lo tenía pensado. Parecía que estuviera cerrando un trato, un trato silencioso, según el cual si sentía que el cáncer volvía a crecer en su cuerpo, dejaría que siguiera su curso y no malgastaría dinero en un tratamiento caro e inútil. Si interrumpía su vida espiritual para someterse a una tercera ronda de quimioterapia y radiación, seguramente se debilitaría tanto que no podría seguir el camino que había elegido con Amma. Incluso si recibía tratamiento, sabía que probablemente no sobreviviría a una tercera recaída. Ahora ella me inspiraba a mí igual que ella se había sentido inspirada por mí en el pasado. Su compromiso con el camino espiritual de Amma era inquebrantable.

Una tarde, sentada en la habitación de Suniti, en el balcón del templo de Kali, le pregunté abiertamente que si sucediera una tercera vez y tuviera que elegir entre un tratamiento largo y debilitante con un resultado incierto o sencillamente vivir a su manera todo el tiempo que fuera posible, sabiendo que algo pasaba en su cuerpo, ¿qué elegiría? Sin dudarlo un momento, me dijo que elegiría la segunda opción. Con una sonrisa pensativa, me explicó que el nuevo aliciente para la vida que le había dado el conocer a Amma y venirse a la India lo era todo para ella. Amaba muchísimo a Dios y quería servir a su *Guru* y a los demás el tiempo que le quedara. Cuando terminamos de hablar, tuve que preguntarme: ¿tenía yo esa clase de claridad y dedicación?

LA VIDA DEL ASHRAM EN LOS NOVENTA

Las primeras familias de occidentales habían entrado en el *ashram* y era maravilloso ver a niños corriendo y jugando con Amma siempre que podían. Estaban Priya y Krishna Unni, de Los Ángeles; Sarada y Manju, de Canadá; Gopi, Sudha y Gemma, de Seattle;

Aparna y Manohari, de Nuevo México; y Sridevi y Anandi, de Alemania. Esas familias fueron pioneras, y se las arreglaron para criar a sus hijos, hacer servicio desinteresado y dedicar su vida a la espiritualidad, todo ello en un monasterio. La infancia de esos niños era extraordinariamente bendita, porque crecieron en la presencia divina de Amma.

Se creó una oficina oficial para recibir y dar alojamiento al constante flujo de visitantes occidentales, y me pidieron que ayudara y dirigiera las orientaciones. Se había abierto una cantina de comida occidental y llegaban devotos de todo el mundo para llenarla. El *Ram's Bazaar*, que es un mercadillo y una tienda de segunda mano, se creó para recaudar fondos para el orfanato. En esa época, personas de todo el mundo eligieron hacerse residentes y a los nuevos residentes occidentales les entusiasmaba aprender sobre la vida espiritual.

Amma es el *Guru* más accesible del mundo y responde a cada persona con una instrucción precisa para que avance en su vida espiritual. Eso sigue siendo así en la actualidad. Amma pasa innumerables horas en la sala del *darshan* dando abrazos y consejos, o junto al Mar Arábigo, meditando y dando *satsang*. Amma nunca se ha distanciado de la comunidad espiritual que ha creado a su alrededor. Forma parte integral de la misma. Siempre está en medio de la colmena dirigiendo las actividades del *ashram*, asistiendo a importantes reuniones y conversando en público para que todos la vean y la escuchen. Cualquier persona puede acercarse a Amma para recibir un abrazo y quedarse cerca de ella el tiempo que le haga falta para serenar su alma. Todo el mundo puede hacerle una pregunta a Amma directamente o contarle sus problemas. No hay una secretaria personal que haga de intermediaria entre los devotos y Amma. Es muy edificante que todavía se pueda encontrar pureza y amor incondicional en algún lugar del mundo.

VUELVO A MARCHARME

Amma me incluyó en todas las giras de la India y el extranjero. Incluso me pidió que me ocupara del equipo de sonido en la gira de Mauricio e Isla Reunión en la primavera de 1994. El problema era que no lograba recuperar mi anterior impulso hacia la meta. Tenía que crear mi mundo con Amma de nuevo y no me estaba yendo muy bien por culpa de mis apegos al pasado.

Las expectativas inconscientes que tenía cuando retomé la vida con Amma en la India no estaban cumpliéndose; pero, ¿cómo podían haberlo hecho? El acceso a Amma de que había disfrutado en los primeros días estaba bloqueado. Coordinar la *seva* era mi excusa para no seguir un horario estricto de *sadhana*. Empecé a compararme con los demás y a sentir que yo era sincera y ellos, unos hipócritas. Mi introspección se había vuelto superficial, no era incisiva. Empecé a nadar en una corriente muy peligrosa.

Esa es la naturaleza de las expectativas, la pretensión de superioridad moral y el juicio. Son el preámbulo de la insatisfacción. Tardé varios años en poder admitírmelo a mí misma; pero finalmente tuve que hacerle frente: ya no amaba la *sadhana*, me parecía que nada tenía sentido y lo veía todo gris. Me sentía profundamente decepcionada conmigo misma porque mi inspiración para seguir el camino se hubiera secado.

A mi alrededor solo había ejemplos de dedicación y desinterés; pero sentía que mi vida era una mera cáscara vacía de lo que había sido antes. Todas las promesas y la intensidad de mis primeros años con Amma se habían evaporado. Siguieron aumentando el desaliento y el desasosiego. La gente me volvía a sacar de quicio y me separé de aquellas personas a las que podría haber acudido fácilmente para un *satsang*. Internamente, iba de nuevo a la deriva; pero me mantuve ocupada con la *seva*, ignorando las señales de alerta y cada vez más lejos de Amma. Peligro, peligro, peligro rodeándome por todas partes.

Uno de los mayores escollos del camino espiritual aparece cuando dejamos que nuestra mente empiece a echarles la culpa a los demás. Cuando permitimos que nuestra atención se aleje de la meta y se fije en las cosas negativas que hacen los demás, estamos perdidos. Ese mal hábito es la antítesis de la vida espiritual. Es como tomar una pequeña dosis de veneno todos los días hasta que se acumula lo suficiente y perecemos.

¿Por qué culpar al maestro de la falta de compromiso del estudiante? Para empezar, ¿por qué se eligió al *Guru*? Porque confiábamos en su capacidad para guiarnos y queríamos que nos guiaran. Como estudiante, era mi responsabilidad acercarme a Amma y plantearle mis dudas; pero, una vez más, fui una cobarde. En 1996 hice la maleta, y esta vez para siempre.

CAPÍTULO 11

Nunca es tarde

DARLE SENTIDO A MI MARCHA

La mente es una cosa curiosa. Al final, no hay lógica que pueda explicar bien por qué nos lleva a un lugar distinto del que pensábamos. No existe una explicación adecuada y sencilla de por qué deje a Amma. Fue una acumulación de muchas cosas que salieron mal. Cuando perdemos la concentración y la quietud mental, cualquier cosa es posible. Todavía me cuesta entender por qué me fui del lado de Amma la primera vez; ¿cómo podría encontrarle sentido a dejar a Amma dos veces?

Llamadlo *karma*, egoísmo, el poderoso engaño de *maya* o el campo sangriento de Kurukshetra, donde el Señor Krishna le cantó la *Bhagavad-Gita* a Arjuna. Es muy difícil escapar de las arenas movedizas de la negatividad.

Cuando echo la vista atrás después de todos estos años, me viene a la mente la imagen de un átomo. En el centro del átomo está el núcleo. Los electrones están organizados en diferentes capas u órbitas concéntricas que giran alrededor del núcleo. Si Amma fuera el núcleo, entre 1983 y 1990 yo era uno de los electrones que daban vueltas en una órbita estrecha en la capa más cercana al núcleo. Para que el electrón gire en esa capa, tiene que ejercerse sobre él una tremenda energía de enlace nuclear. Imaginemos ahora que el electrón empieza a bambolearse, o que hay una ligera variación en su órbita; sería solo cuestión de tiempo que fuera "expulsado", incapaz de mantener un rumbo estable alrededor del núcleo. Entonces saldría dando vueltas hasta llegar a una capa orbital lejana, girando todavía alrededor del núcleo, pero con menos energía de enlace nuclear y a un ritmo más lento. Supongamos que el electrón tenga el deseo de saltar de órbita para volver a la capa que estaba más cerca del núcleo: le haría falta una tremenda cantidad de energía para conseguir dar el "salto" de retorno.

Del mismo modo, hace falta menos energía para causar una fisión, la partición de un átomo, que para unificarlo. Hace falta mucha menos energía para separarse de la que es necesaria para afrontar las situaciones y seguir juntos.

Y así sucedió conmigo. Había estado en una órbita cercana a Amma; pero mis tendencias negativas habían creado una disonancia en mi camino y acabé en las órbitas exteriores, donde el núcleo afecta menos al electrón errante, en el periodo de 1990 a 1996. Aunque había tratado de volver de un salto a mi posición en la órbita cercana, volviendo al *ashram* entre los años 1993 y 1996, al final mi esfuerzo había estado mal orientado. Estaba poniéndole demasiadas condiciones a la vida espiritual y no veía que se trataba de que yo me entregara a lo que la vida espiritual quería mostrarme, y no al contrario.

Aunque conseguí dar unas cuantas brazadas más en una órbita más cercana al núcleo, cuando la vibración discordante volvió a iniciarse, no hizo falta mucho para sacarme una segunda vez a una órbita exterior más lejana aún del núcleo que la primera vez. A esa distancia, los electrones pueden ser extraídos del átomo original del que formaban parte, atraídos por otros núcleos que pueden estar cerca ejerciendo una fuerza de atracción para capturar electrones en sus propias órbitas. Es casi imposible que el electrón pueda volver a reunirse con su ubicación original en la estructura atómica. La energía que hace falta para "saltar" hasta el núcleo es inconmensurable. Llamemos "gracia" a esa exorbitante cantidad de energía.

Al volver con Amma en los noventa, después de haberme ido por primera vez, le puse mi serie de condiciones al camino espiritual: debía ser de esta y aquella manera, como había sido en mis primeros días, debía poder estar con Amma cuando quisiera, en función de mi pasada cercanía; pero la vida no funciona así. Cuando esos deseos no se hicieron realidad, cuando esas condiciones no se cumplieron, me derrumbé. Me esforcé por retomar la vida espiritual; pero no estaba realizando "el esfuerzo correcto", tomando prestada la frase de los budistas. Había intentado que el camino encajase en mi concepto limitado que tenía de lo que debía ser, en lugar de entregar mis ideas y dejar que el camino espiritual me rehiciera a mí.

Es como tener sobrepeso y entrar en una tienda de ropa con una idea de cómo quieres verte, pero no poder meterte en nada porque no has perdido peso. Y entonces te vas de la tienda de ropa enfurruñada porque la ropa no te quedaba bien. Me justificaba diciendo que me había esforzado; pero no me reconocía a mí misma que no había sido el esfuerzo correcto.

Si la primera vez que me fui se debió en gran medida a mi falta de equilibrio por la actitud mental negativa en la que había caído, cuando dejé a Amma la segunda vez fue porque el camino espiritual no había cumplido mis expectativas. Estaba dejando el camino en sí, y parecía realmente que era para siempre. Había hecho una elección consciente de contentarme con menos.

Dejé de verme como una buscadora. El amor a la meta se había secado y la vida espiritual se había vuelto mecánica. Al escribir esto hoy, parecen cosas pequeñas que podrían haberse solventado fácilmente; pero había dejado que se enconaran. Nuestro ego es el que causa ese importante contratiempo en nuestro camino espiritual; primero, la rotura de la relación entre el *Guru* y el discípulo, y, después, del vínculo entre el buscador y el camino. El ego se da cuenta de la posibilidad de acabar sublimado y salta para salvar el pellejo. Las que empezaron siendo cosas pequeñas se convirtieron en obstáculos enormes porque las infravaloré y no me ocupé inmediatamente de ellas. Cuando se está en el camino espiritual, cualquier ligera desviación debe corregirse de inmediato. Amma habla a menudo del empresario que cuadra sus cuentas cada noche para comprobar los beneficios o las pérdidas. Los buscadores espirituales deben hacer lo mismo y no pensar que nuestro día esté terminado hasta haber hecho eso. De lo contrario, será muy difícil seguir en el camino en presencia del *Guru*, seguir en la órbita. Debemos alimentar nuestro amor por la meta a toda costa y mantenernos atentos (*shraddha*) a nuestros progresos diarios en el camino.

Alguien podría preguntarse: si Amma es omnisciente, todopoderosa, ¿por qué no te salvó? Pero la belleza de la manera de enseñar de Amma es que ella no fuerza nada. Amma ha dicho en repetidas ocasiones: "Cuando la flor esté lista para abrirse, se abrirá". No puedes abrir a la fuerza un capullo de rosa para disfrutar de una flor bella y aromática. Una de las primeras cualidades que el buscador debe tener es la paciencia. Y solo aprendemos paciencia con un profesor paciente, igual que una madre cariñosa cría a su querido hijo. De ese modo, Amma tiene la paciencia del mar y permite que cada buscador avance al ritmo que elija. Es uno de los grandes testimonios del método de enseñanza de Amma.

Así que allí estaba, fuera y sola. Desde 1983, cuando llegué por primera vez a Amma, hasta la segunda vez que me fui, en 1996, mi "carrera profesional" había sido la búsqueda espiritual. Ahora, había sacado los huevos de esa cesta para ponerlos en la cesta del mundo. Incluso entonces, sabía que nada podría compararse a lo que había experimentado en esos catorce años con Amma; pero quizás mi problema era que simplemente tenía que aprender a conformarme con menos. Si bajaba el listón de mis expectativas, quizás pudiera conseguir a duras penas un poco de la efímera felicidad del mundo, en lugar de poner el listón tan alto y quedarme constantemente corta.

Después de haberle dado cuatro años más de esfuerzo a la vida espiritual, había salido completamente derrotada. Lo había intentado y había fracasado. Quizás algún día pudiera encontrarle sentido a todo aquello; pero, en ese momento, intenté no ser demasiado dura conmigo misma. No sirve para nada pedirle peras al olmo. Intentaría recuperar algún vestigio de mi vida en Occidente sin morir en el intento esta vez. Volví a Nuevo México.

Decidí volver a estudiar y elegí medicina. Todas mis asignaturas de ciencias de la *UC Berkeley* estaban muy obsoletas, así que empecé a cursar un programa de estudios de preparación en el instituto de enseñanza superior local para ver si todavía tenía lo que hacía falta para estudiar medicina. Además, también me inscribí en un curso de paramedicina, porque tendría que trabajar para pagarme los estudios y esa parecía una opción profesional provisional muy clara, si es que iba a dedicarme a la medicina. Me fue bien en todas las asignaturas y me saqué el título de Técnico Médico de Urgencias (EMT). También me hice profesora ayudante del departamento de Ciencias Biológicas de la Universidad de Nuevo México. Así pasaron dos años.

LA CASA DE MI ABUELA

Mi abuela se había puesto enferma en Pensilvania y fui a cuidarla durante las vacaciones de verano. Acababa de cumplir noventa y dos años y era una delicia estar a su lado. Le habían diagnosticado recientemente Alzheimer, pero la enfermedad apenas le estaba afectando. Hablamos de los días pasados y eso trajo recuerdos de mi difícil infancia; pero ahora todo estaba bien. Estaba curada de aquel trauma. Por Amma.

Amma. La dulzura de ese nombre. ¿Por qué tenía que ser tan confusa la vida espiritual? Sí, en lo profundo de mi interior la echaba de menos. La amaba todavía, y esa noche lloré muchísimo, por primera vez en mucho tiempo. Había rechazado a Amma, quemado ese puente. Ya no era una buscadora espiritual. Solo una persona normal, que iba tirando, tirando... añorando un abrazo.

Se acercaba el fin de semana del 4 de julio y me di cuenta de que Amma estaría en algún lugar cercano, quizás en Chicago o incluso en Washington D.C. Eso serían solo cuatro horas de coche. A la mañana siguiente, me exprimí el cerebro: ¿Cómo podía enterarme del calendario de la gira de Amma? Yendo a la tienda y buscando *Yoga Journal* en la sección de revistas, naturalmente. Desde 1987, siempre habíamos comprado un anuncio en la *Yoga Journal* y, por supuesto, allí estaba. El calendario de la gira de Estados Unidos de 1998. Y el programa de Amma en Washington D.C. tenía lugar el fin de semana del 4 de julio. Qué coincidencia.

WASHINGTON D.C.

Sin darle ninguna alternativa a mi mente para que se resistiera, organicé que cuidaran de mi abuela, llené una bolsa y salté a mi camioneta para conducir hacia el Sur. Fue algo espontáneo; pero mi alma estaba pisando fuerte para ir a ver a Amma y el ego había perdido esa partida. Esta vez fue más fácil entrar en la sala. Ya lo había hecho antes; pero tuve que dejar a un lado mucha vergüenza y mucho remordimiento; un precio pequeño para pagar teniendo en cuenta lo regiamente que había actuado.

Esta vez nadie pareció darse cuenta de mi presencia. No fue como cuando fui a ver a Amma a Berkeley y resultó un regreso a casa demasiado efusivo. No, esta vez fue muy discreto. Me puse en la fila del *darshan* y esperé mi turno como todos los demás. Mientras me acercaba se fue sabiendo que "Kusuma está aquí y va al *darshan* de Amma", ya que podía ver caras familiares amontonándose en los alrededores. Mantuve los ojos en Amma hasta que me miró. Amma me sonrió con cariño y la cara le brilló de amor. Me cogió en sus brazos. "Kusumam, Kusumam, *ponnamol*, querida hija, querida hija…" Hubo lágrimas otra vez, por las dos partes, y Amma me sostuvo, balanceándose de un lado a otro, sin dejarme ir. Me vino una canción a la cabeza y en voz baja le canté la estrofa a Amma al oído:

> *Kannunir kondu nin padam kazhukam,*
> *Katyayani ni kaivitalle…*

> Con mis lágrimas, lavaré tus pies,
> oh Diosa Katyayani; pero, por favor, no me abandones…

Amma hizo que me sentara a su lado un rato y hablamos. Quería saber cómo estaba y qué hacía. Sí, la facultad de medicina, muy bien. Ocupándome de la abuela, sí, muy bien. No había señal de juicio alguno por parte de Amma; pero el ambiente era distinto esta vez y, aunque sentía que la energía de Amma era la misma, había cruzado una línea yéndome por segunda vez. Me senté un rato en silenciosa contemplación y después Amma me pidió que fuera a comer y volvió a dirigir su atención a la fila del *darshan*.

La otra persona con la que pude reencontrarme fue Suniti. Al parecer había recibido la iniciación formal, porque llevaba ropa amarilla. Mi corazón se sintió muy dichoso al verla acercarse por la sala con otros amigos. Estaba radiante y en paz; era la Brahmacharini Nirmalamrita. Fuimos juntas al comedor y me di cuenta de que había perdido mucho peso. En mi mente se filtró un recuerdo de los años pasados. Me quedé con una sensación de inquietud. Fuimos a por la comida y encontramos un rincón tranquilo para charlar un rato. La felicité de corazón por haber recibido la iniciación formal y añadí que me hacía muy feliz ver lo mucho que amaba su vida y cuánto estaba creciendo espiritualmente. Le brillaban los ojos, y ahora que estábamos sentadas podía realmente sentir lo que había crecido la paz de su presencia.

Pensaba que la Facultad de Medicina era una gran elección. Nuevo México también era un buen lugar. Sabía que ahora era mi hogar, pero no lo dije. Tampoco había rastro de juicio por su parte. Estaba genuinamente contenta de verme. Vi la ocasión y le pregunté por su salud. Sí, estaba bien. Dijo que estaba cansada porque supervisar las inscripciones de los retiros daba mucho trabajo. Hacer la gira era cansador, era verdad; pero miró hacia otro lado cuando le pregunté si había estado yendo a las revisiones anuales. "En realidad, no". Y lo dejé ahí.

Sabía que ella tenía muchísimo trabajo esa noche, así que me despedí. Había mil cosas de que hablar, pero el momento estaba concluyendo. Más amigos antiguos me habían visto y se estaban acercando a saludarme, así que nos dimos un rápido abrazo, nos dirigimos una mirada cómplice y nos separamos. Entonces, sentí que me faltaba aire, pero ya se había ido. Me había parecido ver algo. ¿Qué era? Quizás no fuera nada más que mi imaginación.

Todos los *swamis* se acercaron a saludarme y a preguntarme por mi salud, mis planes y mi familia. La manera en la que hablaban era afectuosa y sincera. Su amabilidad me llegó al corazón. Cuánto debió de dolerles que dejara a Amma por segunda vez. Después de todas las dificultades y las pruebas que habíamos pasado juntos, creo que estaban realmente felices de verme y saber que estaba bien. Todavía eran mis hermanos espirituales y no me daban la espalda ni me juzgaban con dureza. Eso era obvio.

Me despedí adecuadamente de Amma y volví a Pensilvania. Por alguna razón, no podía soportar quedarme al *Devi Bhava*. Tenía bastante con digerir que había visto a Amma y me había reunido de nuevo con mi antigua vida en circunstancias tan diferentes.

PROBANDO, PROBANDO, UNO DOS, UNO DOS

Empecé a estudiar en serio para el MCAT (examen de ingreso en la facultad de medicina). Tardaría cerca de un año en prepararme bien. Un año, pensé, había hecho muchas cosas "en un año"; pero dejar que la mente vagara no me ayudaría a mantener la concentración. Así que no la dejé. Latín, fisiología, anatomía, química, biología: la cabeza me daba vueltas.

EL MES DE MAYO

Era un mes importante. En primer lugar, tenía los exámenes finales del curso previo de medicina y después, al final del mes, el MCAT. Si me iba bien, podría empezar a solicitar el ingreso en la facultad de medicina a finales de verano. Había empezado a recitar mi mantra de nuevo; en realidad, desde Washington D.C., pero sobre todo últimamente. Me daba muchísima paz y concentración. No es que sintiera que la mereciera, pero esa era otra maleta distinta que me quedaba por deshacer. Y entonces sonó el teléfono.

Era Hari Sudha llamando desde Berkeley. Suniti —Nirmalamrita— había vuelto de la India. No eran buenas noticias. Se había puesto enferma, muy enferma, y quería verme. Por eso me llamaba Hari. ¿Podía ir enseguida? Intentaba comprender la urgencia en el momento. Quiero decir, estaba en Nuevo México y los exámenes empezaban la semana siguiente y, entonces, y entonces... Lo sabía. Sabía por qué había llamado.

Sí, Hari, por supuesto que iría. Por favor, dile a Suniti que cuelgo el teléfono y lo organizo todo para ir. Colgué y empecé a moverme. Era eso. Había hecho el trato del que habíamos hablado años antes, y ahora moriría. Eso era lo que había visto el año anterior, pero no pude acabar de captar. Metí un poco de ropa en la mochila y fui en coche al campus para buscar a mi profesor de química. Conocía a Suniti y sabía que no tenía mucho tiempo.

El de química era mi primer examen. El profesor estaba en su despacho. Al verme, supo que algo iba realmente mal e interrumpió lo que estaba haciendo.

—Sí, sí, adelante. ¿Qué pasa, Gretchen? ¿Qué pasa?

Le dije que no podría hacer el examen porque habían hospitalizado a mi mejor amiga en California.

—Oh, parece muy grave. Sí, sí, por supuesto que debes ir... Espera, dame un minuto, déjame mirar tus notas. Ummm, vale, eres una de las mejores de la clase. Mira, parece que esto es algo que realmente tienes que hacer. No hace falta que te presentes el examen. No te preocupes; bastará con las notas que tienes hasta ahora. Espero que tu amiga se cure.

Me temblaban las piernas mientras caminaba hacia el aparcamiento. Tenía que conducir dos horas hasta el aeropuerto de Albuquerque. Mi vuelo aterrizó en Oakland a primera hora de la tarde. Hari Sudha me recogió y me contó lo que sucedía: cáncer en estado avanzado. Acababa de volver de la India a la Bay Area para recibir tratamiento. El doctor que le había salvado la vida en dos ocasiones llevaba el caso; pero sabía que Nirmalamrita se había saltado sus revisiones anuales durante quién sabe cuántos años. El año anterior en Washington no me había dicho cuántas. El corazón me decía que sabía que volvía a tener cáncer y había elegido la segunda opción.

Cuando entré en la UCI a la mañana siguiente, Nirmalamrita estaba visiblemente enferma, muy enferma; pero irradiaba una paz que solo he visto en Amma. El cáncer se le había extendido por todas partes. No era posible que una persona tan espabilada como Nirmalamrita, que había sobrevivido dos veces a un cáncer, no supiera que la enfermedad llevaba mucho tiempo extendiéndose. Nos miramos a los ojos y le di la mano. Me sonrió con muchísima dulzura. No nos habíamos visto desde hacía más de un año. Estaba tranquila y lúcida. Me miraba con una mirada penetrante con puntitos blancos de luz. De nuevo, los ojos de Amma. En voz baja, le pregunté si lo había sabido. Asintió con la cabeza. ¿Cerró el trato del que habíamos hablado muchos años atrás? Sí, respondió con voz débil mientras me apretaba la mano. No hacía falta gastar dinero, quiero estar aquí con Amma cuando venga, ese era mi plan... La interrumpí y le pedí que guardase la energía para ver a Amma unas cuantas semanas después. Esas cosas que me estás contando ya las sé.

Entonces, fue directa al grano. Me preguntó por qué había dejado a Amma. ¿Era por mi salud? No, le dije. Había perdido el valor, había dejado de creer en mí misma. Había dejado que mi negatividad me barriese. ¿Volvería alguna vez? ¿Para siempre y no de visita? Tenía un nudo en la garganta y no podía hablar. Me dijo que ese sería uno de sus deseos antes de morir.

La hora de visita había terminado. Era el momento de marchase.

A la mañana siguiente, volví al hospital. No se le permitía a nadie entrar en la UCI a ver a Nirmalamrita, aparte de a la familia cercana. Como me consideraban "familia", me permitieron el acceso. Cuando estaba a punto de pasar por la barrera esterilizada para entrar en la sala, vi que una de las mejores amigas de Nirmalamrita, Sabari, que también había sobrevivido a un cáncer, estaba intentando atraer mi atención. Me acerqué y pude ver su angustia. No la dejaban entrar, pero quería despedirse de Nirmalamrita. Era muy importante. ¿La podía ayudar? Me quedé un momento pensando, le dije que le cedería mi turno y llamé a las enfermeras. Así, Sabari y Suniti pudieron verse una última vez.

Esa noche Nirmalamrita sufrió un ataque al corazón y entró en coma. Salió del coma a tiempo para recibir una llamada de teléfono de Amma y se fue de este mundo menos de una semana después. Cuando le pregunté por la muerte de Nirmalamrita,

Amma dijo que se había fundido en el corazón de Amma y había logrado el Conocimiento de Dios.

La Brahmacharini Nirmalamrita había conseguido pasar su tiempo con Amma sin que la degradara la quimioterapia, coordinando todos los retiros espirituales de Amma en el extranjero hasta pocas semanas antes de morir. Disfrutó de diez años de servicio viviendo con Amma como renunciante en la India. No fue una mala apuesta para una persona que tuvo cáncer tres veces. Sabía que el cáncer era lo que se la llevaría de este mundo, pero con sus propias condiciones; no hubiera dejado que fuese de otro modo.

Las palabras de Amma que más le gustaban a Nirmalamrita hablan de la necesidad de que un aspirante espiritual tenga la misma intensidad por la vida espiritual que una persona que está atrapada en una casa en llamas y quiere salir. En clase, en el margen de sus libretas de sánscrito, siempre dibujaba llamas; yo dibujaba flores de loto y diosas bailando. Fue una de las personas poco comunes que ha vivido las enseñanzas de Amma al máximo, y todos los que la conocieron son mejores por haber disfrutado de su compañía.

EL GUSANILLO DE JUNIO

Bueno, eso le cambiaba el estado de ánimo a cualquiera. Volví a Nuevo México e hice los otros exámenes, pero me sentía insuficientemente preparada para el MCAT. Podría examinarme el mes siguiente y no me desviaría demasiado de mi calendario. En cualquier caso, tenía que recuperar el ritmo de estudio, y eso no iba a pasar justo en ese momento. Hice mucha introspección. Amma pasaría por Santa Fe en junio y estaba deseando verla.

El programa de Amma se celebraba en la zona virgen de Santa Fe, en un templo construido para Amma por Steve y Amrita Priya Schmidt en su finca. No podía haber un lugar más bonito para reunirme con Amma, con los aromáticos pinos acariciando un templo lleno de recuerdos, y allí arriba el estrellado cielo de Nuevo México. Fui al programa de bhajans de la tarde; era maravilloso escuchar otra vez a Amma cantando. Después del arati, salí a mirar las estrellas y sentí que crecía mi inspiración. Di la vuelta por detrás del templo y entré al escenario. Amma estaba sentada abajo, frente al escenario, dando ya darshan. Mi querida amiga Swarna Iyer estaba tocando el armonio y la llamé. Me incliné y le pedí permiso para ofrecer una canción. Creo que le sorprendió por dos razones: era la última persona que esperaba ver y yo nunca cantaba; pero accedió y me preguntó qué canción. Iswari Jagad-Iswari.

Y así canté para Amma, por primera vez desde que había cantado esa misma canción aquella vez que se fue del Kalari a dar una vuelta, en otra noche estrellada, hacía muchísimos años. Cuando canté el primer verso, Amma se volvió para mirarme, pero sin mostrar sorpresa. Ya sabía quién estaba cantando:

Iswari jagad-iswari paripalaki karunakari
Sasvata mukti dayaki mama khedamokke ozhikkanne.

Oh Diosa, Diosa del Universo,
oh protectora, dadora de Gracia y la Liberación eterna
Por favor, llévate todas mis penas.

Fui al darshan de Amma. El sentimiento que había ahora entre nosotras era muy sereno. Me envolvió una poderosa tranquilidad. Algo había encajado. No sabía qué, pero no importaba. Me senté cerca de Amma un largo rato y disfruté del ambiente de devoción. Entonces llegó la hora de marcharme y volví a la noche oscura y estrellada.

DE CAPA CAÍDA

La convocatoria de verano para hacer el examen del MCAT llegó y se fue. Estaba deprimida y me preguntaba qué estaba haciendo.

231

La belleza de la relación de Nirmalamrita con Amma me resultaba deslumbrante. ¿Cuántas personas habían ido a Amma y habían aprovechado tantísimo el tiempo? ¿Cómo lo había dejado ir completamente cuando mi vida con Amma siempre había prometido tanto? Amma era una Maestra con Conocimiento de Dios; de eso no cabía duda. Era la falta de confianza en mí misma la que me había consumido. No era que no creyera en el camino espiritual o en Amma. Me había faltado convencimiento cuando intenté practicar viviendo en presencia de Amma. Sencillamente, me había rendido.

Habiendo elegido esa opción, ¿cómo iba a encontrar la paz viviendo en el mundo? Esa era la pregunta que seguía dándome vueltas en la cabeza. Después de pasar más de dos años preparándome para entrar en la Facultad de Medicina, ¿era realmente la elección correcta? Porque, si no lo era, había que decidirlo cuanto antes.

Una tarde, hojeando las Páginas Amarillas, me llamó la atención un anuncio: "Consigue tu título de Máster en el St. John's College de Santa Fe". En Clásicos Orientales. Ummm... parece interesante. Así que llamé para informarme. Era un programa intensivo de un año. El idioma era chino o sánscrito y la mayor parte del curso consistía en estudiar las escrituras originales del hinduismo, el budismo y el taoísmo. Fui a hacer una entrevista y me aceptaron en el programa. El curso empezaba una semana después. Sentía que era una elección sincera: tomarme tiempo para sentarme con los grandes libros de Oriente y pensarme las cosas durante un año. ¿Cómo no iba a ayudarme eso en ese momento?

Una cosa lleva a la otra. Tenía que responder mi persistente duda de qué hacer con mi vida ahora que había dejado a Amma. Primero había tomado una dirección: la Facultad de Medicina; y después me lo había pensado mejor y había seguido una dirección más familiar, la espiritualidad. ¿Qué me pasaba? ¿Por qué no podía estar contenta con lo que la vida me daba y dejarlo ahí? ¿Por qué un espíritu tan inquieto?

Una cosa lleva a la otra. En el proceso de conseguir el título de máster, conocí a mi marido. Ambos pensábamos que tener hijos era lo que queríamos. Me quedé embarazada en nuestra noche de bodas. Puse "Ananta Srishti Vahini" en el CD mientras nacía nuestra hija. Cuando le lavamos la cabeza por primera vez en el hospital con la enfermera, recité mantras védicos. Sin habérnoslo dicho el uno al otro, mi marido y yo elegimos un nombre para el bebé. Ambos elegimos "Mirabai". A mi marido no le iban mis extravagancias espirituales, pero lo aceptó. Quizás eso cambie, me dije a mi misma. Llevé a Mirabai a Amma para que recibiera sus bendiciones.

¿Qué podía decir Amma? Ella nos quiere pase lo que pase; pero fue difícil cruzar el umbral de esa puerta después de haber elegido algo tan distinto. Me había marchado por mi cuenta y había hecho lo que había querido, y aquello era más una declaración de quién era yo que cualquier cosa que Amma hubiera hecho. Ahora era una devota, lo que era una relación noble, que quizás me iba mejor: amar a Amma de lejos; pero, ¿por qué no estaba mi alma satisfecha? ¿Por qué no podía simplemente relajarme y disfrutar del viaje que la vida me ofrecía?

2007 -NUNCA ES DEMASIADO TARDE

Ese año todo pasó rapidísimo. A mi madre la habían diagnosticado cáncer el año anterior y estaba luchando con el tratamiento. A mi padre le habían diagnosticado cáncer en abril y murió repentinamente en Boston unas semanas más tarde, antes de que pudiera ir a verle para despedirme. Mi período de diecinueve años de Saturno se acabó. Mi matrimonio se estaba viniendo abajo. Y volví a Amritapuri. Con mi hija. Aparentemente, para que Amma bendijera las cenizas de mi padre; pero, para ser sincera, ya había tenido bastante.

Finalmente, vi la luz. En realidad era muy sencillo; pero había tardado años en comprenderlo. Amma estaba aquí entre nosotros y mi alma inquieta añoraba el viaje espiritual que nos ofrecía. Amor por el amor mismo, devoción porque era la emoción más elevada, la que rompió todas mis barreras autoimpuestas. Por fin fui lo suficientemente madura para ver que había sido yo la que me había apartado, y que era yo la que podía liberarme. Y que nunca era demasiado tarde para volver e intentarlo de nuevo.

Esta vez volví por el gozo que ello implica. Volví por la dulzura del amor, el amor divino, que nunca había encontrado en ningún otro lugar del mundo en todo mi deambular. Todos esos años alejada de Amma en un mundo que solo ofrecía una promesa vacía: solo la muerte inevitable y el engaño, la ganancia y la pérdida material, el egoísmo y el deseo. Volví por el significado más profundo y real que la vida espiritual ofrece. Volví para cumplir el deseo de una hermana que se estaba muriendo. Volví para demostrarme a mí misma que tenía el valor suficiente de afrontar lo que sabía que tenía que hacer para poner las cosas otra vez en su sitio. Ponerme delante de Amma y la comunidad y contarles mi viaje a la oscuridad y cómo encontré el camino de vuelta. Y criar a mi hija en la magnífica presencia de Amma, sabiendo que es el mayor regalo que una madre puede darle a su hija. Todos mis insignificantes desacuerdos no tenían importancia; era el momento de disfrutar de la presencia de Amma y servir lo mejor que pudiera. Sin la angustia, sin la expectativa de lograr nada. Solo por la pura alegría de estar en presencia de Dios y ser testigo de ello. Estar aquí con mi bella e inspiradora comunidad y servir con todo el corazón. Amma devolvió la sonrisa a mi cara. Nunca es demasiado tarde.

El viaje continúa

En el momento en el que escribo, llevo cinco años viviendo en el *ashram* Amritapuri de Amma con mi hija Mirabai. Cinco años maravillosos que compiten y superan la indescriptible dulzura de mis primeros años con Amma.

Como tuve que pasar por un proceso sumamente difícil, la victoria del regreso sabe mucho más dulce por ese esfuerzo. A veces, hay que pasar por dificultades tremendas en el camino espiritual, y, en mi caso, esa evolución ha sido la que me ha traído la profunda alegría que experimento en la actualidad. ¿Cómo puedo lamentarme por el viaje? ¿Haría algo de manera diferente si tuviera la ocasión? Por supuesto; pero lo único que lamentaría es no haber vuelto con Amma. Lo extraordinario no es la caída. Lo que importa es levantarse y avanzar.

He aprendido a ver que todas las situaciones son *prasad* (ofrenda bendecida) de Amma, y a no reaccionar o rechazar los momentos difíciles que, cuando se digieren adecuadamente, sirven para impulsarme espiritualmente. Amma siempre nos recuerda que no hay fracasos en la vida; todos son pasos hacia la victoria final.

Ahora soy más madura y estoy más asentada en mi vida espiritual, después de haber sobrevivido a la oscuridad. Ahora puedo ver que mis primeros años con Amma crearon una base sólida sobre la que finalmente construiría una vida espiritual que estará conmigo hasta el final. Aprender a creer en mí misma fue esencial; eso fue lo que me faltó en mis primeros esfuerzos en el camino espiritual. Porque ahora sé, sin ningún género de duda, que lo que quiero hacer en la vida es servir a Dios en los demás. Para ello es esencial el tener a mi hija a mi lado. La que era cuando me hice renunciante a los veinte años no está desconectada de la que soy ahora como madre. Después de todo, Amma dice que lo importante no es la *sannyasa* [renuncia] externa, sino la *sannyasa* interior: trascender nuestros gustos y aversiones, poner a los demás por delante de nosotros y vivir con la comprensión de que todo lo que consideramos nuestro es un regalo temporal de Dios que algún día se irá.

Mi vida actual es la continuación del viaje que inicié en una librería de Copenhague hace más de tres décadas. Todavía estoy buscando a la Madre Divina en mi corazón y la sirvo bajo la forma viviente que llamamos "Amma". La sirvo para que el mundo sea un lugar mejor: ese es el verdadero servicio al *Guru*. Nunca sabemos lo que nos deparará la vida; bueno o malo, no lo elegimos. En mis primeros años con Amma, nunca me imaginé que en mi camino habría tantos obstáculos; pero Amma nos enseña que la diferencia está en cómo reaccionamos ante las dificultades.

Viajando por el mundo con esperanza y oraciones, haciendo todo lo que podía para llevar a Amma a sus hijos, fui capaz de superar muchas pruebas y tribulaciones; sin embargo, frente a los adversarios interiores de mi propia negatividad, no pude imponerme tan fácilmente. Ambas circunstancias presentaron retos: una, exteriores, y la otra, interiores. Tuve que encontrar el modo adecuado de abordarlas para poder superarlas y aprender qué es lo que tengo que trabajarme en esta vida con Amma. En las escrituras se dice que hay tres clases de discípulos: los que aprenden cuando se les habla, los que aprenden observando las experiencias de los demás y los que aprenden mediante experiencias personales. Claramente, pertenezco al tercer grupo.

He experimentado la verdad de que Amma está siempre conmigo, pase lo que pase, y que nunca pierde la confianza en sus

hijos. He aprendido, en todos los niveles, que realmente nunca es demasiado tarde. Estoy viviendo otra vez la vida espiritual en la presencia divina de Amma, más feliz de lo que nunca he sido, junto a mi hija. Amma nos está guiando a las dos y me está mostrando que no hay obstáculo lo suficientemente grande como para detener a la Madre Divina, que siempre es la vencedora.

Me gustaría compartir una última historia. Cuando Mirabai vino a Amritapuri por primera vez, tenía cinco años. Se dio cuenta de que la gente recibía *mantras* y quiso saber qué eran. Así que le expliqué la idea básica de recitar un *mantra* y cómo puede traernos paz y sabiduría si lo recitamos con atención. Quiso saber más sobre el aspecto de la *ishta devata* [deidad amada] al recibir un *mantra*. ¡Tenía cinco años! Así que le hablé de las distintas deidades: la Madre Divina, la Madre Divina como Amma, el Señor Krishna, Kali Mata, Buda, Jesucristo, el Señor Shiva... Cuando llegué a Shiva, quiso saber si era el dios que lleva las pieles de animal. Le dije que sí y añadí que monta el toro Nandi en el Himalaya. Asintió agradecida con la cabeza y dijo: "Ese es el que quiero". *Caramba*, pensé para mis adentros, *¡aquí tenemos a alguien que sabe lo que quiere!* ¿Es una coincidencia que sea mi hija y que esté con Amma desde tan pequeña por mi fuerte deseo de volver finalmente a Amritapuri?

Al día siguiente, fuimos al *darshan* y le dijo a Amma:

—*Mantra*, por favor.

Y Amma asintió con aprobación mientras la miraba intensamente. Entonces, Mirabai se inclinó como si fuera a hacerle una confidencia a Amma y oí que le decía:

—*Mantra* de Shiva —para asegurarse de que Amma sabía cuál darle.

Pues bien, a Amma aquello le pareció divertidísimo y se puso a comentar con todos los que estaban a su alrededor lo que Mirabai le había dicho. Nos quedamos hasta el final del programa y

Mira pudo recibir su *mantra diksha* esa misma noche. Me sentí enormemente bendecida de ser su madre. Me parecía que pronto iba a comenzar su camino espiritual con la mejor *Guru* que el mundo puede ofrecer.

Un año después, cuando Mirabai tenía seis años, estábamos esperando en la fila del *darshan* y me di cuenta de que le estaba escribiendo una nota a Amma. En un determinado momento me susurró:

—Mamá, ¿cómo se deletrea *Amrita Vidyalayam*?

Se lo deletreé mientras me picaba mucho la curiosidad de saber lo que la pequeña Mira estaba tramando. Cuando llegó nuestro turno para el *darshan*, le dio la nota a Amma y la *brahmacharini* que estaba al lado de Amma se la tradujo.

Amma sonrió ampliamente y dijo en inglés:

—Sí, sí, bien, bien.

Por iniciativa propia, Mira le había preguntado a Amma si podía asistir a la escuela de Amma aquí en la India. Y allí fuimos. Con delantal de cuadros, calcetines cortos y todo lo demás. Al principio, le resultó realmente difícil adaptarse, pero no abandonó. Mira está ahora en el cuarto curso de la escuela *Amrita Vidyalayam* y le va muy bien, pese a todos los deberes que tiene que hacer en tres idiomas: malayalam, hindi y sánscrito. Siempre que se queja de que no quiere ir al colegio, le digo que vaya a ver a Amma y se lo cuente ella misma, ya que lo decidieron juntas.

Estar en este camino del amor con mi hija Mirabai es una bendición mayor que cualquier cosa que pudiera haberme imaginado sobre la maternidad. Se está volviendo fuerte, segura de sí misma, y me mantiene alerta. Me enseña cosas que me costaba aprender con Amma, como paciencia, autocontrol, empatía, servicio desinteresado, amor incondicional, dar sin expectativas, no apegarse al fruto del trabajo o mantener una mente firme. La maternidad me hace cultivarlas diariamente. No es que Amma no estuviera enseñándome esas cosas. Constantemente ha sido un modelo de esas cualidades; pero yo me resistía a aprender. Para sobrevivir a la maternidad con una hija con inclinaciones espirituales no queda más remedio que desarrollar esas cualidades. Amma brilla como la Madre del mundo. ¿Qué mejor lugar que Amritapuri para criar a un hijo con valores espirituales? Los amigos que ha hecho en el *ashram* de Amma serán amigos para toda la vida. En cuanto tienen ocasión juegan a "corre que te pillo" alrededor del baniano que hay delante del templo de Kali, y al escondite hasta que llega la hora de ir corriendo a sentarse al lado de Amma para los *bhajans*.

Por fin puedo ver que una profunda armonía subyace a todos los vaivenes de mi viaje. He tardado todos estos años en aprender lecciones que algunos pueden aprender en un día; pero así es como ha sido mi historia, por muy imperfecta que parezca. He aprendido a no juzgar. Lo que más importa es que cuando le doy la mano a Amma, ella me muestra que yo soy la que creo mi propio destino. Amma me llevará tan lejos como yo esté dispuesta a ir. Infaliblemente.

Sí, tuve la bendición de ser el instrumento que llevó Amma al mundo. Sí, tuve la bendición de estar allí los primeros días, en una formación espiritual intensiva con Amma. Pero al haber vivido aquí, entonces y ahora, puedo decir sin dudarlo que ahora hay la misma intensidad que había entonces. Nuestra relación con Amma depende de cuánto la aprovechemos nosotros. Eso fue cierto el día que la conocí y es igual de cierto ahora. Nosotros somos el factor limitador. Lo que llevemos al viaje es lo que determinará lo rápido que lleguemos a la meta.

AMRITAPURI EN LA ACTUALIDAD

Que haya más personas que nunca en el *ashram* no significa que haya menos oportunidades para el Autoconocimiento, o que haya menos espiritualidad ahora de la que había en los primeros días. Amma es una Maestra iluminada y este es su *ashram*. Su gracia fluye igual de vibrante que siempre lo ha hecho; pero el que abramos el corazón a Amma depende de nosotros. Y, cuando lo hacemos, Amma viene corriendo. Amma está aquí con la misma capacidad infinita con la que siempre ha estado, pasando horas y horas cada día acompañándonos, guiando a miles y miles de personas por el camino espiritual con una facilidad natural, tan fresca y risueña al final de la noche como cuando empezó. Está constantemente entre nosotros: llega a media mañana a la sala de *darshan* y muchas veces no vuelve a su habitación hasta altas horas de la madrugada. Y regresa unas horas más tarde para el programa del día siguiente, y lo repite todo de nuevo.

Amma participa plenamente en todos los aspectos de la vida del *ashram*, guiándonos con entusiasmo en la meditación, el *satsang*, el *archana*, los *bhajans* y el servicio desinteresado. En todos estos años, Amma no se ha dedicado a sí misma ni un solo día. No hay ningún otro Maestro spiritual que esté más disponible o que ofrezca más tiempo y energía personal que Amma. Hace que todos los aspectos de la vida espiritual sean divertidos y llenos de dulzura. Toda la vida de Amma sucede delante de todos y cualquier persona que quiera interactuar personalmente con Amma puede hacerlo.

¿Hay alguna otra persona del mundo que se dé más a sí misma por el bien del mundo? Como dijimos al principio del libro, Amma vive en la misma habitación pequeña que el día que la conocí. Está en la zona más céntrica y ruidosa del *ashram*, donde descargan las chimeneas de la cocina, sin vistas desde la ventana; pero Amma se niega a que se utilice ningún recurso para su comodidad. No toma nada para sí misma, excepto los problemas del mundo sobre sus hombros, mientras da paz y aliento a los que vienen por su bendición.

ABRAZANDO AL MUNDO

Mientras yo estaba ocupada aclarándome conmigo misma, Amma también estaba muy ocupada. Lo que empezó con un puñado de personas, después una docena y, más adelante, el primer centenar, ha llegado a decenas de miles y ahora a más de treinta y dos millones de personas, que han experimentando el abrazo divino de Amma. No hay una sola persona que haya conocido a Amma y haya pasado tiempo con ella que no tenga una historia especial que contar. Nuestra vida se divide en "antes de conocer a Amma" y "después de conocer a Amma". Nuestras vidas se han impregnado del aroma de la paz, la satisfacción y la bondad por el contacto con el refugio de los brazos de Amma. Todo empieza ahí, cuando dejamos caer la cabeza sobre su fuerte hombro. Sin pedirnos nada, Amma nos ha dado un tesoro que es más grande que el oro: la posibilidad de servir desinteresadamente a los demás como expresión de nuestro amor a Dios en un mundo que necesita amor desesperadamente. Esta Maestra perfecta y gran activista humanitaria ha inspirado a hacer el bien a los demás a millones de personas de más de sesenta países de todo el mundo.

En solo veinticinco años, Amma ha creado una enorme red mundial de obras benéficas, dirigidas todas ellas a satisfacer las necesidades básicas de los seres humanos, cuando y donde sea posible. Se construyen casas para los sin techo, se dan becas a niños en edad escolar y formación profesional a mujeres de las zonas rurales, se realizan campamentos médicos en algunas de las zonas más apartadas de la India, se acude inmediatamente a aliviar el sufrimiento de las víctimas de los desastres naturales, se mejora la calidad de vida de los más pobres del mundo proporcionándoles agua potable limpia y se protege el futuro creando grupos de jóvenes basados en valores, iniciativas medioambientales y una amplia variedad de proyectos de investigación con una orientación humanitaria. Sus devotos llamaron a esta red de obras benéficas

Embracing the World (Abrazando al Mundo), reconociendo el hecho de que el desinteresado acto de Amma de abrazar a todas las personas que acuden a ella durante tantas horas como hagan falta cada día de su vida, es el motor que impulsa este movimiento humanitario de gran alcance que siembra semillas de compasión por todo el mundo.

Desde 1987, Amma ha viajado a seis de los siete continentes, y estos veintiséis países de todo el mundo han acogido programas suyos: Australia, Austria, Bélgica, Brasil, Canadá, Chile, Finlandia, Francia, Alemania, Irlanda, Italia, Japón, Kenia, Kuwait, Malasia, Mauricio, los Países Bajos, Rusia, Singapur, España, Sri Lanka, Suecia, Suiza, los Emiratos Árabes Unidos, el Reino Unido y los Estados Unidos de América. El territorio francés de la Isla de Reunión también lleva más de veinticinco años organizado gentilmente programas de Amma.

Además, Amma ha enviado a sus discípulos a realizar programas en treinta y ocho países que todavía no ha visitado, o donde hay centros de Amma o se hacen actividades y proyectos de servicio en su nombre. Son: Bulgaria, la República Checa, Dinamarca, Estonia, Grecia, Hungría, Luxemburgo, Noruega, Polonia, Portugal, Eslovenia y Turquía en Europa; Argentina, Colombia, Costa Rica, Haití, México, Perú y Venezuela en América Central y del Sur; China, Hong Kong, Indonesia, Filipinas, Taiwán y Tailandia en Asia; Bahréin, Egipto, Israel, Jordania, Líbano, Omán y Qatar en Oriente Medio; Fiyi, Guam, Papúa Nueva Guinea y Nueva Zelanda en Oceanía; y Botsuana y Sudáfrica en África.

Los anales de la historia no mencionan a ninguna persona que haya vivido como lo hace Amma, abrazando literalmente al mundo, con su compasión activa y una sabiduría que todo lo abarca cayendo como un torrente de gracia pura. Las generaciones que están por llegar leerán cosas sobre Amma que les recordarán el significado del verdadero sacrificio y el genuino servicio des-interesado.

Cuando me paro a reflexionar en lo enorme que se ha vuelto el esfuerzo espiritual y humanitario de Amma desde que salí de los Estados Unidos para venir a buscar a la Madre Divina hace veintinueve años, es una lección de humildad poder haber desempeñado un pequeño papel en el desarrollo de su misión. También me pregunto si no estaremos todavía bastante más cerca del principio que del final de esta historia.

Glosario

Arati: Ceremonia consistente en hacer círculos con alcanfor encendido delante de la deidad; simboliza la entrega de sí a Dios o al Guru; igual que el alcanfor desaparece sin dejar rastro, lo mismo sucede con el ego

Archana: Recitación interior o en voz alta de los ciento ocho o los mil nombres de una determinada deidad (p. ej., el Lalita Sahasranama)

Ashram: Centro espiritual en que vive una comunidad de buscadores espirituales

Avatar: Una encarnación divina de Dios en forma humana

Bhajan: Práctica del canto devocional, o una canción devocional

Bhasmam: Ceniza sagrada, también llamada vibhuti

Brahmacharin (i): Hombre o mujer renunciante que lleva una vida de servicio a Dios, celibato y control de los sentidos

Brahman: La Verdad última más allá de todo atributo; el substrato omnisciente, omnipotente y omnipresente del universo

Chakras: Centros energéticos del cuerpo

Darshan: Literalmente significa "vista", pero en el contexto de este libro se refiere al encuentro con una persona santa y el recibir su bendición

Darshan de Devi Bhava: El Estado de Madre Divina. Se refiere a los momentos en que Amma se sienta en el templo llevando el hermoso vestido y la corona de la Madre Divina para bendecir a los devotos que acuden a su darshan. En esos momentos revela su unidad con el aspecto de Madre Divina de un modo más evidente

Diksha: Iniciación

Hari Katha: La historia del Señor. Es un relato musical de la vida de un santo, un sabio, un dios o una diosa

Ishta Devata: Literalmente, deidad amada. El modo en que uno se refiere a su objeto de meditación bajo el aspecto de Dios con forma

Japa: Repetición de un mantra, a menudo en series de ciento ocho

Kindi: Recipiente ceremonial de bronce que se emplea para contener agua durante el culto

Kirtan: Canto devocional

Kum-kum: El polvo rojo que se pone en el tercer ojo, el punto entre las cejas, favorecido especialmente por el aspecto de Dios como Madre Divina

Mahatma: Literalmente, Gran Alma; se refiere a alguien que vive en estado de Unidad con el Ser universal

Manasa puja: Realizar una adoración ritual mentalmente

Mantra: Fórmula sagrada, un conjunto de sílabas en sánscrito que se recitan para purificar el ambiente y la mente del practicante

Mantra diksha: Iniciación al uso del mantra. Se considera una gran bendición recibir mantra diksha de un Alma con Conocimiento, que imparte su bendición y una parte de su conciencia iluminada en el momento de la iniciación

Mantra shakti: El poder cargado en el mantra, en especial el conferido por un Alma con Conocimiento como Amma

Maya: Ilusión Universal, el Poder de Brahman

Murti: Estatua de una deidad

Mridangam: Tambor de dos caras

Pada puja: Lavado ceremonial de los pies del Guru como una expresión de amor y respeto, reconociendo la Verdad Suprema que los pies del Guru representan.

Pitham: Asiento que se ofrece a la deidad para que se siente; generalmente se refiere a la silla en la que se sienta Amma, en especial durante el darshan de Devi Bhava

Pranam: Postración o muestra de respeto inclinándose ante la deidad o el Guru

Prasad: Ofrenda o regalo bendecido de una persona santa o un templo, a menudo en forma de comida

Prema: Amor Supremo, Amor Divino o amor incondicional

Rajas: la cualidad de la actividad

Sadhana: Prácticas espirituales que purifican al practicante, como la meditación, el mantra japa, el estudio de las escrituras, el yoga, el satsang o el servicio desinteresado

Samadhi: Literalmente, "cesación de todas las vacilaciones mentales", un estado trascendente en que el ser individual se une con el Ser Supremo

Sankalpa: Resolución o intención divina; en relación con Amma a menudo significa que está dando su bendición para un resultado beneficioso

Sannyasa: Votos formales de renuncia después de los cuales se llevan vestiduras de color ocre que representan el fuego que destruye todos los deseos

Satsang: Estar en comunión con la Verdad Suprema. También, estar en compañía de un Mahatma, oír una charla o conversación espiritual, participar en prácticas espirituales en una comunidad de buscadores espirituales

Sattva: la cualidad de pureza, luz y sutileza espiritual

Seva: Servicio desinteresado, cuyos resultados se dedican a Dios

Shraddha: Atención, fe

Talam: El ritmo o cuenta de una canción

Tamas: la cualidad de oscuridad, inercia y pereza

Templo Brahmasthanam: Templos excepcionales consagrados por Amma con una deidad de cuatro lados orientados en las cuatro direcciones para simbolizar la Unidad en la diversidad. Un lado de la deidad es Ganesha, el dios elefante que aparta los obstáculos; otro lado es la Madre Divina; otro es el Señor Shiva simbolizado por el Shiva Lingam, una representación sin forma de Shiva; y el cuarto lado es Rahu, un planeta malévolo que puede ser propiciado mediante cultos específicos para eliminar su influencia maléfica en la vida de una persona

Tirtham: Agua sagrada; también se refiere a una masa de agua cerca de un lugar sagrado o un templo, como un estanque o una charca de agua para bañarse antes de entrar en el templo

Vasanas: Tendencias latentes, o deseos sutiles que se hallan en el interior de la mente y se manifiestan como acciones y hábitos

www.ingramcontent.com/pod-product-compliance
Lightning Source LLC
LaVergne TN
LVHW050044090426
835510LV00043B/2880